国家社会科学基金“十四五”规划教育学一般课题（BBA210040）
“家园共育影响学前儿童情绪能力发展效果的追踪研究”成果

幼儿园教师积极情绪指导手册

主编：王异芳　黄嚣青

副主编：齐佳玉　王辰　曾思超　徐瑞雪

首都师范大学出版社
CAPITAL NORMAL UNIVERSITY PRESS

图书在版编目（CIP）数据

幼儿园教师积极情绪指导手册/王异芳，黄罍青主编．—北京：首都师范大学出版社，2024.5

ISBN 978-7-5656-7976-6

Ⅰ.①幼… Ⅱ.①王… ②黄… Ⅲ.①幼教人员-情绪-自我控制-手册 Ⅳ.①G615-62

中国国家版本馆 CIP 数据核字（2023）第 220850 号

YOU'ERYUAN JIAOSHI JIJI QINGXU ZHIDAO SHOUCE

幼儿园教师积极情绪指导手册

王异芳　黄罍青　主编

责任编辑　李　然

封面设计　周奕婷

首都师范大学出版社出版发行

地　址　北京西三环北路 105 号

邮　编　100048

电　话　68418523（总编室）　68982468（发行部）

网　址　http://cnupn.cnu.edu.cn

印　刷　北京印刷集团有限责任公司

经　销　全国新华书店

版　次　2024 年 5 月第 1 版

印　次　2024 年 5 月第 1 版印刷

开　本　787mm×1092mm　1/32

印　张　7.5

字　数　128 千

定　价　58.00 元

主　编

王昇芳　黄翯青

副主编

齐佳玉　王　辰　曾思超　徐瑞雪

编　委

（按姓氏音序排列）

柏　琦　陈艳婕　何丽姣

彭力萍　张露霞　张鑫宇

序

随着人们对儿童早期发展及幼儿教育越来越重视，国家和社会对幼儿园教师的专业素质及幼儿园教育质量的要求也在不断提升。幼儿园教师的工作看似很简单，但只要你体验一下，就会发现幼儿园教育极具挑战性。这使得幼儿园教师不仅需要在职前接受专业的培训，更需要在职后不断成长，同时还要获得关爱与支持。作为一名既有学前教育又有发展心理学背景的研究者，我一直都希望能有一本书可以帮助幼儿园教师更好地适应职后工作。所以，看到王异芳教授主编的《幼儿园教师积极情绪指导手册》出版，我特别高兴！

在这本书中，王异芳教授带领来自幼儿园一线的教师，记录整理了80个生动的、发生在幼儿园场景中的真实案例。这些案例从理解儿童、专业提升、情绪调节和人际交往4个方面为读者呈现出幼儿园教师在实际工作中经常遇到的问题。与其他的教师指导用书不同，本书作者采用讲故事的方式来呈现问题，通过讲述每个案例的起因、经过和结果，自然而然地将问题的解决方案呈现出来。在每个案例的最后，作者还对每个问题进行了理论解析，为教师深入理解和认识问题，并在实践中解决类似问题提供了可参考的基本原则。这就使读者在阅读本书时既有代入感，又能够通过故事来模仿和学习如何妥善处理相关问题。这是本书非常突出的一个特点。在阅读这些案例的时候，我的脑海中总会浮现出生动的场景，“齐天大圣”“多喝水对身体好”以及“面对总是争第一的孩子”等案例都给我留下了深刻的印象。

培养健康发展的幼儿需要情绪稳定的教师。本书的第二个突出特点就是对幼儿园教师情绪健康的关注。书中呈现的案例，让幼儿园教师能够正确地理解自己的工作对象，也能够有方法地去调试自己——内心坚持原则同时又能以柔软对人。这些生动丰富的案例能够帮助幼儿园教师面对压力、降低压力觉知，从而使幼儿受益。

王异芳教授是一名将儿童心理学研究与幼儿教育实践不断进行融合的优秀研究者。这本书就是这种融合的阶段性成果，体现出王教授“真诚理解孩子，妥善处理人际关系，有效调节情绪”的教师培养理念。阅读这本书对我来说既是一种学习，也是一种激励！

希望这本生动易懂、图文并茂的书能够为幼儿园教师提供一种思路，帮助他们找到一种新的思考问题和解决问题的方式，并应用到教育实践中。希望遇到这本书的教师不仅能够从书中获得知识、经验，还能够获得专业成长的动力，和幼儿一起体验成长的快乐与成就感！

李　甦

2023 年 9 月于中国科学院心理研究所

编者的话

百年大计，教育为本；教育大计，教师为本。《中共中央、国务院关于全面深化新时代教师队伍建设改革的意见》提出“教师是教育发展的第一资源，是国家富强、民族振兴、人民幸福的重要基石。”当前我国已进入全面建设社会主义现代化的新征程，学前教育就此迈入全面普及和高质量发展的新阶段。党的二十大报告指出要“加强师德师风建设，培养高素质教师队伍”，《幼儿园教师专业素养标准（试行）》提出“师德为先，幼儿为本，能力为重，终身学习”的理念，并将此标准作为教师培养、准入、培训、考核等工作的重要依据。在幼儿园教师专业发展成为促进学前教育高质量发展强大动力的同时，幼儿园教师开始受到关注。张傲子等人在2022年发表了关于情绪意识对幼儿园教师心理健康状态影响的研究，结果表明幼儿园教师的心理健康水平远低于全国常模。

本书以发生在幼儿园教师身边的真实故事为蓝本，通过对背后价值理念、发展规律的解析，提出了具体的建议与措施，提升教师对身边事物的认识，丰富他们处理类似事件的方法，帮助教师成功应对工作中的压力，拥有积极情绪和心态。生动形象的图片展示出幼儿园教师工作与生活的典型场景，使教师在阅读文字之余，放松精神、愉悦身心。主人翁小象与“想笑”谐音，他的耳朵外圆内方，意为中华传统文化中的为人处世之道，即“外表随和，内心刚正”，寄希望于教师对外柔和处理事务，向内坚持原则和底线。希望这本书能成为幼儿教师手边的工具书、枕边的减压书、随时翻看的指导手册。

本书包含四章，共80篇文稿，分别从理解儿童、专业提升、情绪调节和人际交往的角度进行深入探讨与解析。儿童发展篇立足于科学的儿童观，透过儿童的行为，揭示儿童发展的规律与特点。儿童天性好奇、好动，喜欢探究和创造，愿意表达表现，语言、逻辑思维、社会交往、规则意识等方面的发展尚不成熟。本篇结合幼儿的年龄特点，生动描写了“屎尿屁”情结的涵涵、“爱插话”的乐乐、把机器人偷偷藏起来的明明和扮演孙悟空并追逐小伙伴们乱跑的齐齐……帮助教师走进儿童的内心世界，理解并支持他们的发展。

教师的专业素养发展是实现教师专业成长的核心。专业成长篇遵循教师专业发展的规律，帮助每个发展阶段的教师寻找到成长的密码，探求自身的成长之路。“打铁还需自身硬”，往往教育教学中的压力来源于教师自身能力不足。教师只有掌握教育规律，不断丰富自身的专业知识，在实践中积累经验，练就一身“功夫”后，才能成为一名优秀的幼儿园教师。

情绪调节篇聚焦教师或幼儿的情绪事件，在引发读者共情的基础上，根据相关理论对情绪的种类、产生的时间和情绪体验进行探讨，比如教师被家长指责后感觉到委屈、作为母亲养育孩子产生了焦虑、幼儿因妈妈不能陪自己睡觉而失落、因要和自己的依恋物说再见而不舍等，并通过适宜的策略进行情绪调节。其中，认知重评可以减少负性情感，降低个体在经历压力事件时出现的抑郁、焦虑等，在提供的策略中有所体现。

幼儿园教师的工作生活离不开与各类人群打交道，与同事、幼儿、家长、亲人、朋友形成的良好人际关系能够帮助教师获得信任与尊重，赢得善意与感情。突如其来的加班、换来换去的岗位、怎么也摆不好的体操垫和身边的暖心天使等，这些小故事让我们真实体验到幼儿园教师所面临的人际交往问题，让教师认识到尊重理解他人、合理表达自己的意愿、善于解决问题、实现与他人和谐与共赢的重要性。

依托于国家社会科学基金“十四五”规划课题“家园共育影响学前儿童情绪能力发展效果的追踪研究”，经过两年多的不懈努力，此书终于截稿出版。感谢参与编写的幼儿园，分别是中国人民解放军国防大学幼儿园、中国人民解放军火箭军机关幼儿园、北京市海淀区四季青镇常青幼儿园、北京市海淀区北部新区实验幼儿园、北京市海淀区人民政府机关幼儿园、国家机关事务管理局花园村幼儿园、北京市海淀区京童未来幼儿园、北京市海淀区北部新区实验幼儿园凯盛园、北京市海淀区美和园幼儿园、北京市海淀区民族幼儿园、北京市农林科学院幼儿园、中国人民解放军63919部队幼儿园、中央军委事务管理总局红星幼儿园、住房和城乡建设部幼儿园、首都师范大学昌江芒果幼儿园、北京市海淀新区恩济里幼儿园、中国农业科学院幼儿园、北京市海淀区四季阳光幼儿园、北京市海淀区龙岗路幼儿园、航天机关幼儿园、北京市海淀区颐慧佳园幼儿园、北京市六一幼儿园、中国科学院第一幼儿园、中国科学院第三幼儿园和北京市海淀区领秀硅谷凯尔宝宝婴幼园。

希望这本书真正能够为每一位幼儿园教师提供支持，为他们的生活和工作助力。同时，希望他们拥有最美好的生活，愿幼儿园教师成为最幸福的职业！

王异芳

2023年8月于首都师范大学

目　录

第一章 儿童发展篇

第二章 专业成长篇

第三章 情绪调节篇 133

第四章 人际和谐篇 171

第一章　儿童发展篇

幼儿园教育应尊重幼儿的人格和权利，尊重幼儿身心发展的规律和学习特点，以游戏为基本活动，保教并重，关注个别差异，促进每个幼儿富有个性的发展。

——《幼儿园教育指导纲要（试行）》

（教育部，2001）

1. 没有再见，只有“屁”

小班时的涵涵特别喜欢黏着刘老师，他曾悄悄对刘老师说：“等我长大了，要和最漂亮的刘老师结婚。”今天是中班开学第一天，他依旧喜欢黏着刘老师，一眨眼到了放学时间。刘老师冲涵涵挥手再见，他却满脸坏笑地喊道：“屁！”刘老师愣了一下，用食指挡在紧闭的嘴唇前对他说：“这个字不好听。”涵涵看了一眼刘老师，迅速转身跑走了。

第二天，同样的场景再次发生。第三天，依然……第四天，继续……一个月过去了……刘老师每天都做同样的手势，都对他说要有礼貌。突然有一天，他还是一脸坏笑，对老师说：“漂亮的刘老师再见，我有礼貌吧！”刘老师没有说话，笑着冲他挥了挥手。

化解“屎尿屁”的尴尬

在弗洛伊德的心理发展理论中，1—3 岁和 3—6 岁分别为肛门期和前生殖器期。从两个时期的命名可以看出，学前阶段的许多矛盾和问题与“排泄行为”和“排泄物”有着紧密关系。处在这两个时期的孩子，以“排泄”为快乐，甚至会出现玩弄排泄物、使用“屎尿屁”这样的不雅语言与他人交流等行为。

涵涵与自己最爱的刘老师不说再见，而是使用“屁”来作为替代物，一开始让老师始料未及。但是，老师并没有立即批评他，也没有嘻嘻哈哈地与他继续交流，而是做出了“闭嘴”的手势，平静地要求他有礼貌。孩子的“屁”坚持了一个多月，老师的教育应对方式也坚持了一个多月，改变终于在不经意间发生了。

全世界的幼儿在“屎尿屁”上都有着相同的爱好，那么如何化解这些尴尬呢？

1. 接纳幼儿的“屎尿屁”行为和语言，理解这是幼儿在学龄前阶段正常的表现。当幼儿用“屎尿屁”这些词汇来发泄情绪时，教师要关注情绪事件背后的原因，暂时不纠结于是否使用了不雅语言。待幼儿情绪恢复后，教师可再做提醒和教育。

2. 及时制止。在幼儿说出“屎尿屁”时，教师要用温和而坚定的语言告诉幼儿“要有礼貌，这话不好听”，用简单的手势向幼儿传递“禁止”的信号。

3. 抓住幼儿的兴趣，生成教育活动。关注“屎尿屁”的话题，教师可以和幼儿看一些相关主题的图画书，满足幼儿的好奇心，将其变成科普知识。

（故事来源：首都师范大学　刘少然）

2. 爱插话的乐乐

户外活动结束后，赵老师让小朋友们围坐在一起，请他们和大家分享中秋假期遇到的好玩儿的事情。赵老师请最先举手的明明和大家分享，“我中秋节吃了好多种月饼，有莲蓉馅儿的，有豆沙馅儿的，有蛋黄馅儿的，还有……”就在明明手舞足蹈地讲述月饼口味时，乐乐情不自禁地大声说：“老师，我还吃了肉馅儿的月饼呢……”乐乐这一喊，其他小朋友也跟着说了起来，有的说吃了玫瑰馅儿的，有的说吃了腊肉馅儿的，甚至还有说吃了西红柿馅儿的。孩子们的声音此起彼伏，活动室出现了短暂的混乱。

赵老师示意大家安静：“哪个小朋友说说刚才你听到了几种月饼？”听到老师这样问，小朋友们你看看我，我看看你。“看看哪个小朋友听得最认真。仔细听，不打断别人是对别人的尊重，如果你也有话想说，可以举手。”

赵老师说完之后，小朋友们再次分享时被打断的次数少多了，乐乐也安心地在一旁聆听。活动结束后，乐乐跑过来，对赵老师说：“您看我的表现是不是很好？”赵老师竖起大拇指，冲他笑了笑说：“给乐乐点赞！”

发展中的自我控制能力

幼儿自我控制能力和大脑前额叶的发展有关。大脑前额叶是参与抑制过程的重要器官，4—5 岁是前额叶发展的重要时期。一般来说，5 岁前的孩子自控能力较弱，难以抑制冲动行为，5 岁后的孩子逐渐开始学会忍耐和等待。

乐乐听到明明分享各种口味的月饼时，立刻想到了自己假期也吃到了许多口味的月饼，便迫不及待地想和大家分享。由于他还不能很好地控制这种冲动，所以就立刻开口打断了正在分享的明明。当老师提醒后，乐乐努力地控制住了自己，不再打断明明说话。

当幼儿总爱打断他人说话时，我们该怎样做呢？

1. 理解幼儿的插话是由于自控能力发展不完善所致。5 岁前，幼儿的插话更多是无意识行为，不同于“自私”“爱表现”，因为后者通常是有意识的行为。

2. 要告诉幼儿打断别人说话是不礼貌的行为，教给幼儿一些说话的技巧。教师可提醒幼儿在他人说话结束后，再提出自己的想法。例如，可以先通过眼神、表情示意别人自己有话想说，当他人把一句话说完后，再开口说出自己的想法。

3. 提供给幼儿多元表达的机会。幼儿天性喜欢表达，在个别幼儿表达内容较多、占用太多时间的情况下，其他幼儿的表达机会就会减少。教师可以组织幼儿以结对、分组等形式进行交谈，给予每个幼儿表达的机会。

（故事来源：首都师范大学　刘少然）

别打断我的话！
嘿，你看！

3. 爱摸“小鸡鸡”的男孩

洋洋今年三岁半了。最近他似乎对自己的“小鸡鸡”特别感兴趣。吃饭时，他一边吃，一边把手放进裤子里；睡觉时，他悄悄地躲在被子里玩“小鸡鸡”。

蒋老师发现后，问道：“洋洋，能不能告诉老师，你为什么要把手放进裤子里呢？”

“因为我觉得很好玩儿呀，就像玩玩具一样开心！”洋洋很自然地说。

蒋老师想了想说：“我们身体的每个部位都有它独特的用处，‘小鸡鸡’是用来尿尿的。它喜欢干净和不被打扰，就像是我们的眼睛一样，如果经常摸它，它就会生病的。”

洋洋说：“妈妈说过手上有很多看不见的细菌，不能揉眼睛。”

“说得对！所以‘小鸡鸡’也不能用手摸。走，咱们去户外和小朋友一起玩好吗？”

“好！我更喜欢和小朋友们一起玩儿。”

坦然面对幼儿的“性”趣

精神分析理论按照性感带的不同，把个体成长划分为5个阶段：口唇期、肛门期、性器期、潜伏期和生殖期。3—6岁的儿童处于性器期，这一时期的幼儿会产生触摸、摆弄生殖器的行为。

蒋老师在和洋洋的交流过程中，发现他把生殖器当成了玩具。蒋老师没有直接否定或严厉批评他，而是告诉他“小鸡鸡”的作用，要注意卫生，保护好它。随后，蒋老师引导洋洋到户外和小伙伴一起游戏，帮助他成功转移了注意力。

当发现幼儿摆弄生殖器时，我们该怎么办呢？

1. 正确引导，帮助幼儿认识生殖器的作用。教师要告诉幼儿生殖器是我们身体的一部分，具有排泄的重要作用，既要保持它的卫生，也不要让它受到伤害。

2. 正常看待，不过度关注。随着个体的不断成熟，儿童会进入到下一个阶段——潜伏期，情况会自然消失。教师需要为幼儿保守秘密，不宜采取嘲笑、批评、羞辱或者贴标签等负面方式。

3. 转移幼儿的注意力。教师可以和幼儿一起游戏、娱乐、运动等，让幼儿自然过渡到其他活动之中。

（故事来源：首都师范大学附属幼儿园　殷梦晴）

4. 不上钩的鱼

一天，晴天妈妈焦虑地对秦老师说："晴天告诉我，最近她因为交不到朋友，感觉挺孤单的。她说在她心里有一个鱼钩，小朋友们是小鱼，可是谁都不咬她的钩。我就跟她说，你没有在鱼钩上放鱼饵，谁会去咬？你要先向小朋友们表达你想要交朋友的意愿才行。"

听到晴天妈妈这样的回复，秦老师恳切地对她说："我理解您的心情，也理解孩子渴望交朋友的意愿。如果晴天也是一条小鱼，她是喜欢和小鱼交朋友，还是喜欢和钓鱼的人交朋友呢？"听到秦老师这样说，晴天妈妈愣了一下，继而点了点头："谢谢老师，我知道怎么和晴天说了。""我也会多多关注她的交友问题，相信晴天很快就有好朋友了。"秦老师说道。

合我心意，才是我的朋友

塞尔曼认为儿童友谊的发展有 5 个阶段，学龄前儿童正处于"尚不稳定的友谊关系阶段（3—7 岁）"和"单向帮助阶段（4—9 岁）"。处于第一阶段的幼儿之间的友谊仅仅是可以一起玩的伙伴，关系很不稳定。处于第二阶段的幼儿在交往中存在"能够顺从自己就是朋友，不能顺从则不是"的特点。教师要鼓励幼儿之间平等相处、互助、分享、合作等行为，帮助他们分析交往中出现的小问题，促进幼儿交往能力的发展。

晴天把朋友当作小鱼，把自己当作钓鱼的人。钓鱼者和小鱼是一种顺从关系，由此可见，晴天已经进入友谊发展的第二个阶段。最近没有好朋友和她玩的主要原因，就是她在强化这种顺从关系。秦老师智慧地采用了比喻的手法，让晴天妈妈明白了问题的根源。

面对交友困难的幼儿，教师应该怎么办呢？

1. 在角色游戏中丰富幼儿解决困难与冲突的经验。教师以某一角色进入游戏中，或组织幼儿讨论游戏中真实遇到的交往话题，如“意见不一致怎么办”“面对他蛮横的态度，我该怎么办”等。教师要支持他们说出解决问题的办法，鼓励他们大胆尝试，帮助他们梳理和总结经验。

2. 引导幼儿学习主动加入他人游戏和发起新游戏的方法。教师要鼓励幼儿通过观察他人在游戏中的有效交往行为模仿学习，也可以大胆尝试自己的方法，如主动邀请一个伙伴和自己一同加入他人游戏中，或者结合伙伴们感兴趣的话题寻找一个新玩法，从而开启一个新游戏等。

3. 接纳他人的想法，同他人分享、合作。教师要让孩子认识到每个人都是平等、独立的个体，都有着不同的外表和内心世界。教师要引导幼儿公平、友善地对待同伴，倾听他人的想法，大胆表达自己的意见，并能在二者之间调整和妥协，在和他人的分享与合作中体验交往的快乐。

（故事来源：首都师范大学附属幼儿园　陈艳婕）

5. 你为什么不分享？

最近，孩子们很喜欢抽盲盒，并带到班级里分享。露露得意地向小朋友们介绍说：“我运气特别好，抽中了 3 个玫瑰公主！”琳琳见状，对露露说道：“这个很难抽到，我抽了好几次都没抽到，你可以送给我一个吗？”露露拒绝了琳琳的请求，琳琳生气而失望地叫道：“刘老师，她有 3 个玫瑰公主，我一个都没有，她还不愿意分享给我！”

这时，刘老师蹲下来，抚摸着琳琳的肩膀说道：“琳琳，老师知道你很喜欢玫瑰公主，但是这 3 个玩具都是属于露露的，对不对？露露可以选择分享，也可以选择不分享，因为这是她的玩具。”听了刘老师的话，琳琳仍感到难过。刘老师继续安慰道：“如果你特别喜欢这个玩具，可以和露露商量，看看她能不能借给你或者你们一起玩儿。”过了一会儿，两个小姑娘就有说有笑地一起玩起了玩具。

我有不分享的权利

分享是促进幼儿社会交往的一大助推器。幼儿在把自己的玩具与同伴分享时，会赢得玩伴，感受友好的同伴关系，获得交往经验。幼儿的物权意识是指幼儿拥有自尊自主的意识，懂得珍惜自己的物品，维护自己的权利。教师不仅要让幼儿学会分享，更要让他们认识到每个人都有分享的权利。

遭到拒绝的琳琳不理解为什么露露有 3 个玩具，却一个都不能分享给她。实际上，琳琳混淆了权利主体，借

“同伴间要分享”这个理由，要求露露把玩具送给她。此时，教师在安抚琳琳的同时，也清晰地告诉她，露露拥有支配自己物品的权利，并对琳琳提出了具体建议，帮助她实现了想要玩玩具的愿望。

当幼儿要求他人分享被拒绝时，教师该怎么办呢？

1. 理解幼儿的物权概念和交往能力处在发展之中。教师不可轻易给幼儿贴上“自私”“小气”的标签，从某种意义上说，占有欲是幼儿自我概念发展和自信的标志。

2. 理解幼儿被拒绝时的心情。当幼儿被拒绝时，教师要给予关注和安抚，鼓励幼儿勇敢面对他人的拒绝，并告诉幼儿分享是每个人的自愿行为，不能强迫他人分享。开展“分享还是不分享”的讨论活动，结合具体场景，引导幼儿认识什么情况下可以选择分享，什么情况下可以选择不分享。

3. 分享与合作紧密相关。教师应引导幼儿认识好朋友的重要性，鼓励幼儿结交朋友，愿意和他人分享，并进一步合作。

（故事来源：首都师范大学　刘少然）

6. 我不是一个人在读绘本

区域活动时，小洁一个人坐在阅读区，一边用手比画，一边大声地读着绘本。这时，张老师走过去，在她的身旁坐了下来。原本以为小洁会欢迎张老师的加入，不料她却突然停止了，害羞地看着张老师。张老师说：“我和你一起读故事书，好不好啊？”小洁不好意思地凑到老师耳朵边，小声说：“张老师，我不是一个人，我正在给安娜读这个绘本。”张老师看了看小洁旁边的娃娃，意识到这就是小洁假想的伙伴——安娜。

于是，张老师冲着小洁笑笑说：“你读得很棒！那老师就不打扰你们了。”随后起身离开了阅读区。小洁看到张老师走得稍微远了一些，便环顾周围，确认没有人后，才又重新开始给安娜讲起了故事。

拥有假想同伴很正常

许多研究表明，学前期儿童拥有假想同伴是很常见的现象。通常情况下，幼儿知道假想同伴不是真实存在的，但他们仍旧喜欢和假想同伴交谈、游戏，就像和同龄伙伴那样。拥有假想同伴能够为幼儿提供更多的情感支持，帮助他们排解真实生活中的焦虑与压力，满足他们的心理需求。

小洁知道安娜是自己假想的伙伴，并不是真实存在的朋友，所以当张老师走到她身边，她会觉得不好意思。从小洁手舞足蹈的动作和满足的表情，不难看出安娜能满足小洁给别人读绘本的愿望。张老师了解情况后，及时选择了离开，给予小洁足够的空间，支持她继续游戏。

当教师发现幼儿进行假想游戏时，应该怎么做呢？

1. 认识到假想游戏具有促进幼儿情绪理解和社会性发展的重要作用。在假想游戏中，幼儿具有强烈的自主意识，成为游戏的掌控者。他们通过与假想同伴互动或自己分别表演两个角色等形式，模拟练习交往的技巧，获得满足感与成就感。

2. 理解孩子的感受，与幼儿保持一定的安全距离。当孩子出现自言自语或对着某个玩具娃娃说话时，教师可主动离开，给他们一个不被干扰的环境，支持他们进行假想游戏。

（故事来源：首都师范大学　刘少然）

7. 妈妈说我是属驴的

一天，乐乐跑过来对李老师说："我是属马的，李老师您是属什么的呀？"李老师说："我是属狗的呀！"周围几个孩子对这个话题很感兴趣，于是纷纷加入了"生肖大讨论"。大家你一言我一语地说："我也是属马的""我属蛇的""我也属马"……这时，一向文文静静的小艾突然自豪地说："我和你们都不一样，我是属驴的，我妈妈说我是属驴的！"

看到孩子们对生肖如此感兴趣，李老师便给孩子们讲了十二生肖的故事。小艾知道了十二生肖中没有驴，疑惑地问："李老师，那为什么妈妈说我是属驴的呢？"李老师笑了笑对小艾说："小艾可以回家问问妈妈，为什么说你是属驴的。"

当晚接园时，李老师把这件事告诉了小艾的妈妈，并叮嘱她跟孩子开玩笑还真得让孩子听懂。小艾妈妈不好意思地说："有一次她发脾气，我就随便说了一句，没想到她还当真了。您说得对，以后我得注意，让孩子真能听懂。"

你的玩笑我不懂

根据皮亚杰的认知发展理论，2—7 岁期间，儿童的认知发展到前运算阶段。这一阶段幼儿的语言能力迅速发展，与成人之间的交流越来越容易，因此成人很容易将幼儿视为“小大人”。此阶段的幼儿知识和经验仍非常有限，有时很难理解语句中较为隐含的意思，面对成人的玩笑，常常信以为真或不知所措。

小艾妈妈认为小艾脾气很犟，才说她是属驴的。小艾只能理解字面意思，所以才坚信自己是属驴的。李老师并没有当众说出自己的猜测，而是让幼儿认识了十二生肖。当天，李老师和小艾的妈妈进行了沟通，并给出了教育建议。

如何让幼儿听懂成人跟他开的玩笑？

1. 向幼儿解释并追问。当幼儿对玩笑的内容存在听不懂的情况时，教师可以向幼儿解释笑点，并以此为教育契机，丰富幼儿的知识，还可以追问幼儿，确认幼儿明白玩笑的真实含义。

2. 深入和幼儿交流，共同创造出新玩笑。教师可逐渐找到能引发联想、笑点的语言，创造属于自己和幼儿之间才能听懂的玩笑，培养幼儿的幽默感。

（故事来源：首都师范大学　刘少然）

8. 五香蛋上的“黑缝儿”

早饭时，丁丁生气地对陈老师说：“老师，我的鸡蛋是坏的，其他人的鸡蛋是白的，可我的鸡蛋上有一个黑色的缝儿，我要换一个！”老师笑着对他说：“丁丁，今天咱们吃的是五香蛋，它是用各种香料水泡出来的。你看丽丽的鸡蛋上也有条黑缝儿，在鸡蛋的下边。”丁丁委屈地说道：“我就是不想吃带黑缝儿的蛋！”陈老师搂着丁丁的肩膀劝道：“黑色的缝儿说明这个鸡蛋是腌入味儿的，会更美味，咱们试试好不好？”听到老师这么说，丁丁半信半疑，嘟着嘴哼出 3 个字：“真的吗？”陈老师看着他的眼睛，用力地点了点头。丁丁试着咬了一小口，开心地说道：“嗯，这个鸡蛋的确挺香的！”

被理解的五香蛋

皮亚杰认为幼儿是在与周围环境的相互作用中，逐步构建起关于外部世界的知识，其涉及两个基本过程，同化和顺应。同化是指把外部环境中的有关信息整合到自己原有的认知结构中，而顺应是指外部环境发生变化时，个体认知结构因外部刺激的影响而发生改变的过程。

在丁丁原本的认知结构中，煮过的鸡蛋应该是白色的。当他看到鸡蛋上的黑缝儿时，他的认知平衡被打破，才认为这个鸡蛋坏了。当老师告诉丁丁缘由，并鼓励他尝试后，丁丁认识到这不是一般的鸡蛋，而是五香蛋，才最终达到了新的认知平衡。

当幼儿出现对某件事物的错误认知时，教师应如何引导呢？

1. 引导幼儿认真观察，发现事物间的异同。教师应多为幼儿提供机会，丰富幼儿的认知经验，引导幼儿在亲身体验、实际操作的过程中，不断顺应或同化外部的刺激，最终达到对新事物的理解。

2. 鼓励幼儿大胆尝试。教师可发挥同伴的示范作用，引导幼儿观察同伴、与同伴交流。例如，教师可问一问丽丽“你觉得五香蛋味道怎么样？”等，帮助幼儿消除顾虑，支持幼儿尝试新事物，并及时给予肯定。

（故事来源：首都师范大学附属幼儿园　陈艳婕）

9. 辉辉为什么不玩积木了？

一天晚接园时，辉辉妈妈跟徐老师说："我在家给辉辉买了一套很贵的积木，可他只玩几次，就再也不玩了。每次我都拿着说明书认真地给他介绍城市的搭建方法，比如先把这块放在最底下，再把这块长方形的放在周围当围墙……过几天他就瞎摆起来。我一让他按规则来，他就不玩了。"

徐老师说："辉辉很有想象力，玩建构游戏时，他给大象搭了一座房子，还专门设计了一个大象鼻子的安放处呢！您可以让辉辉自己做主，按照他的想法来搭建。说明书嘛，暂时可以放在一旁，等辉辉需要了，他自己会参考使用的。"

几天后，辉辉妈妈给徐老师发了一条微信，"您的妙招真有效！辉辉又开始玩起积木来了，刚才他几乎把所有的积木都用光了，搭了一个规模宏大的建筑群！我拍了一张照片，这就给您发过去。"

把游戏的自主权还给幼儿

真正的游戏是不带有任何功利性目的，由幼儿自主、自愿进行的。由成人所支配的带有知识与目的性的游戏，则失去了游戏的本真，使幼儿失去对游戏的兴趣。所以，家长不如把游戏的自主权还给幼儿，让幼儿在游戏中体验自主与掌控感。

就像辉辉，他原本很喜欢搭建游戏，如果让他自由搭建，他会创造出让人惊叹的作品。而当他的搭建行为被妈妈限制，他就会出现不愿意玩积木的情况。

如何将游戏的自主权还给幼儿呢？

1. 为幼儿提供更多的低结构材料。低结构材料为幼儿游戏提供了更多可能性，可以发挥幼儿更多的主动性和想象力，比如简单积木块、沙子、纸杯、小瓶子等。幼儿对这些简单材料非常痴迷，他们可以在沙坑里乐此不疲地玩一天，但是对于一些花了大价钱的玩具，却只是新鲜一会儿就丢在一边了。

2. 鼓励幼儿创新，允许幼儿犯错。当幼儿有一些新的玩法、新的点子时，教师和家长可给予鼓励，比如老玩具的新玩法、一物多玩等。当幼儿出现把玩具弄坏或者把衣服弄脏等情况时，教师可以把问题看作教育的契机，鼓励幼儿发现问题并解决问题，并为他们提供帮助。

3. 给予幼儿游戏的空间。教师和家长应让幼儿自主选择玩什么、和谁玩、怎么玩，不强制幼儿游戏的内容、同伴与玩法，尊重他们的想法，支持他们游戏。

（故事来源：首都师范大学附属幼儿园　殷梦晴）

10. 小欧回来了

小欧是科学区新来的一个小巧玲珑的智能机器人，不仅能模仿小朋友讲话，还会唱好听的歌谣。孩子们总是争先恐后地和他玩儿。

午点时间，鹏鹏喊道："老师，小欧不见了！"

"刚才我还看见明明跟他玩呢！"

"一定是明明想把小欧偷偷带回家。"

"偷东西的孩子是坏孩子……"大家你一言我一语地议论着，明明则低着头不说话。闵老师示意大家安静，并说道："一定是哪位小朋友太想跟小欧玩，忘记把它送回家了。如果你们不回家，爸爸妈妈会担心。小欧不回家，老师和小朋友们也会担心和惦记。大家不要着急，老师相信这位小朋友不想让我们担心，等会儿肯定会把小欧送回家的。"

过了一会儿，明明悄悄地找到闵老师，低着头怯怯地说："是我忘了把小欧送回家，现在我就把他送回去。"老师温柔地拍了拍明明的肩膀，轻声说："快去吧，相信下次你一定不会忘的！"明明使劲儿地点了点头，露出释然而开心的笑容。

用智慧化解"失踪危机"

学龄前儿童已有了一定的物权意识，但物权界限还不够清晰。他们偶尔会出于对物品的喜爱选择直接拿走，这时如果被贴上“小偷”的标签，会让其产生自卑心理，并可能形成难以跨越的心理障碍。教育学家卢梭曾说：“要尊重儿童，不要急于对他做出或好或坏的评判。”

故事中的闵老师正是选择了尊重和信任，用充满智慧的语言引导幼儿，既让明明认识到了自己的问题，又保护了他的自尊心，巧妙化解了这起机器人失踪事件。

当幼儿出现私拿他人物品的行为时，教师该怎么做呢？

1. 保持冷静，了解幼儿私拿的原因。教师要区分私拿物品的行为是有意识的还是无意识的，在理解和尊重幼儿的基础上，让他们说出真实想法。

2. 活动引导，帮助幼儿树立正确的物权观。教师可选择开展物权礼仪活动，让幼儿在活动中建立物品的归属感，区分这个东西是谁的，同时学会在使用别人的东西前，事先征得物主同意。

3. 情境体验，换位思考。教师可设置情境，让幼儿在情境中感受体会失去心爱东西的难受心情，或引导幼儿思考“如果你最心爱的东西被人拿走了，你会有什么样的感受？”

（故事来源：中国人民解放军国防大学幼儿园·红山园 闵学莲）

老师，是我忘了把小欧送回家，我现在就把他送回去!

11. 齐天大圣——齐齐

这几天，齐齐时常模仿孙悟空挥动金箍棒抓耳挠腮的样子，对小朋友说："我是齐天大圣，你往哪里跑？"孩子们被齐齐追得四处乱跑。张老师每次都耐心地引导他，可齐齐还是沉浸在自己的角色中，不理会其他小朋友的感受。这天，张老师看到齐齐一边拿着海绵棒，一边把手放在小朋友的身上，让小朋友"定身"，不能随意走动。于是，她走到齐齐身边问："齐齐，你为什么喜欢孙悟空呢？"

"他神通广大，本领可多啦！"

"那你知道孙悟空的本领是用来做什么的吗？"

"当然是打妖怪呀！"

"嗯，孙悟空的本领是用来打败妖怪、保护师父的。所以妖怪害怕他，好人却喜欢他。"

齐齐好像听明白了什么，点了点头。

一天下午，两个小朋友为了一个玩具起了争执。齐齐拿着金箍棒走了过去，"你们别抢了，我给你们变一个。"说完他便从自己的耳后拔了一根"毫毛"，对着"毫毛"吹了口气，从身后"变"出了一个玩具，"你们先玩吧！我一会儿再玩。"站在旁边的张老师向齐齐竖起了大拇指。

儿童天生爱模仿

儿童常因喜爱某种角色而模仿其语言、动作、外貌等，他们身边的成人、同伴、影视作品与文学作品中的角色等都是被模仿的对象。他们通过模仿来进行游戏与学习。

齐齐喜欢孙悟空的神通广大和英勇善战，经常模仿孙悟空打妖怪的情节。在这个过程中，他体验到了满足感，但是把同伴当作妖怪并四处追打的行为却不适宜。老师观察到这一现象，通过正向引导，鼓励齐齐模仿孙悟空帮助身边的小朋友，在模仿中感受到用本领助人的乐趣，从而获得价值感。

面对幼儿不适当的模仿行为，教师该怎样引导呢？

1. 帮助幼儿分析模仿人物的特点，引导他们关注积极特质。每个人物都有其积极和消极的一面，教师可以充分挖掘模仿对象的积极特质，引导幼儿关注这些品质并进行模仿。如故事中的齐齐，一开始把注意力放在孙悟空追打妖怪这一方面，教师便通过对话启发齐齐，使他理解孙悟空打妖怪是为了帮助其他人，在理解的基础上再鼓励他对人物的积极特质进行模仿。

2. 及时强化幼儿模仿人物积极品质的行为。在日常游戏和情境中，当观察到幼儿产生积极的模仿行为时，教师应马上给予强化，竖起大拇指，或用眼神肯定等。后续教师再通过谈话等活动，让幼儿谈谈自己的感受，在活动中感受到自己的模仿行为是受大家欢迎的，引发儿童的成就感。

（故事来源：中国人民解放军火箭军机关幼儿园　张甲兵）

妖怪！哪里跑！

12. 臭臭的便便

午睡时，林老师闻到一股异味，顺着这股味道来到了依依床边。只见依依用被子捂着半边脸，时不时地往老师这边瞄一眼。原来是依依在床上便便了。

林老师马上带依依去洗手间清洗、换衣服。回到床上，林老师小声问道："依依，你那么想拉便便，上床前怎么没有拉呢？"依依不好意思地看着林老师，一句话也不说。"没关系，你可以悄悄地告诉老师。"说着林老师凑近依依。"刚才人太多了……大便臭臭的，小朋友会笑话……"林老师摸了摸依依的头说："怎么会呢，每个人都要拉便便的，而且大家的便便都是臭臭的，哪有人的便便是香香的呀？"说完，依依捂着被子笑了。"拉便便是在排泄脏东西，说明我们的身体很健康，对不对？"依依不好意思地点了点头，不一会儿，她就进入了甜甜的梦乡。

一天中午，洗手间里传来一阵讨论。"哎呀，好臭呀！""是谁拉臭臭啦？"几个小朋友正说着，只听见依依说道："这很正常，便便本来就是臭臭的呀！"

保护幼儿排便自尊

随着幼儿自我意识的发展，他们开始关注别人对自己的评价，逐渐有了自尊心和羞耻感，知道排便是一件隐私的事。他们会因为在集体生活中排大便而感到不好意思，所以宁愿忍着。

起初，依依很在意便便的臭味，不愿意在幼儿园里排便，一直忍着，直到憋不住了，排在了被窝里。林老师很好地保护了依依的自尊心，正面引导她，让她认识到排便有利于身体健康，每个人的便便都是臭臭的。依依慢慢地不再担心自己在幼儿园里大便，还能在他人嘲笑时淡定地辩驳，大声说出“便便本来就是臭臭的”。

遇到幼儿不愿意在幼儿园大便的情况时，教师应该怎么处理呢？

1. 科普排便相关知识，让排便成为轻松的话题。教师通过活动向幼儿普及人体需要排便的原因以及一日排便规律等健康知识，让幼儿形成对排便的科学认知。接着教师可鼓励幼儿谈论与排便相关的话题，使他们了解便便虽然臭臭的不太好闻，但它和穿衣吃饭一样是很正常的事情。

2. 循序渐进，帮助幼儿逐步适应在幼儿园如厕。教师可通过绘本、小故事等有趣的形式，让幼儿理解排便不是只有在家里才可以进行，公厕、幼儿园都是可以的。同时，教师要鼓励幼儿在园自主排便行为，在幼儿排便后给予肯定，让幼儿意识到排便是一件被接受的事情，逐渐从心里放下排便带来的压力，消除对便便的羞耻感。

（故事来源：首都师范大学昌江芒果幼儿园　林佳佳）

哎呀！好臭啊！
便便本来就是臭的呀！
是谁拉臭臭了！

13. 排在哪里都一样

最近，孩子们做什么都很喜欢“抢”第一，排队、吃饭、上厕所、喝水……总能看到他们“抢”第一的情景。有时还要叫上老师来当“裁判”，看谁才是第一。

这天晚饭后，晗晗、安安等几个小朋友匆忙穿上外套，立刻起身放好小椅子，接着就跑着去抢第一的位置。刚收完椅子的润润看到他们这样，淡定地说：“爸爸妈妈会来接我，排在哪里都一样。”其他小朋友听到了润润的话，觉得很有道理，纷纷跟着说：“对呀，排在哪里都一样。”这时，谢老师也说道：“是的呀，排在哪里都一样。”大家都笑了起来。

第一真的没那么重要

在学前阶段，幼儿的竞争意识逐渐增强，具体表现为凡事都想争第一。争取第一名既对幼儿有着积极的促进作用，也存在一定程度上的消极作用。为了争第一，幼儿往往会忽视其他更有价值的内容，比如友谊、关爱、分享等。

晗晗、安安在平时的活动中也渐渐有了输赢的概念，以为抢到第一就是自己赢了。润润却觉得排不排第一并不重要，因为每个小朋友的爸爸妈妈都会接他们回家，排在哪里都是一样的。谢老师幽默地附和，自然而风趣地强调了有的时候争第一确实没那么重要。

面对遇事总是争第一的幼儿，我们应该怎样引导呢？

1. 帮助幼儿区分在什么事情上争第一才是有意义的。教师组织谈话活动，鼓励幼儿积极思考并讨论“什么时候需要争第一”“什么时候可以不用争第一”，培养幼儿正确的竞争意识。

2. 引导幼儿理解很多事情比争第一更重要。教师设置“两难”情境，让幼儿在同伴受伤的比赛情境中选择争夺第一还是选择帮助同伴，接着让他们谈一谈更愿意和谁做朋友。通过这样的方式让幼儿认识到有时候第一也没那么重要。

3. 帮助幼儿发现过程有时候比结果更重要。教师在日常与幼儿互动时，多肯定他们过程中努力、坚强等优秀品质，如向幼儿表达“虽然你不是第一名，但我看到你刚刚一直在努力奔跑，我真为你感到骄傲。”让幼儿意识到结果有时并没那么重要，只要努力了，无论结果怎样，我们都是胜利者。

（故事来源：首都师范大学昌江芒果幼儿园　庄娜）

14. 我不要和她结婚了

晨晨特别喜欢慈慈，两人在班里经常一起玩儿，每天放学后都结伴回家。一天，晨晨凑到荆老师面前悄悄地说："等我长大了要和慈慈结婚，你可不要告诉别人哦！"荆老师郑重地点了点头。

这天晨晨和慈慈在建构区搭积木，开始两人合作得很愉快。晨晨说那块当作屋顶的三角形积木是他放上去的，慈慈则争辩说是她找到的。晨晨一生气，把手里的积木往地上一摔，跑到老师跟前说："慈慈太不讲道理了，荆老师，我不要和她结婚了！"

荆老师蹲下身，对晨晨说："生气解决不了问题，想想有没有什么好办法。"

"我想不到，我只是很生气！"

"那你也可以把你的情绪告诉她，这样她就知道你不高兴了，最好再说一说你为什么不高兴。"

一会儿，晨晨回来高高兴兴地对荆老师说："我俩和好了，我道了歉，她也道歉了，我们又可以结婚了。"话音刚落，晨晨就跑回去和慈慈一起玩了。

帮助幼儿顺利度过婚姻敏感期

儿童在 4 岁以后进入婚姻敏感期，他们会选择异性作为自己今后结婚的对象。最初幼儿表现为对异性父母的喜欢，女孩想要跟爸爸结婚，男孩则想跟妈妈结婚，渐渐将范围拓展为周围的异性教师、伙伴等。这对幼儿后期人际关系的建立、未来婚姻中两性关系的发展具有重要作用。因此，在这一时期，教师和家长不要为此过于焦虑，而应帮助幼儿学习积极处理两人之间的关系，以顺利度过婚姻敏感期。

故事中，荆老师能够以平常心看待晨晨的小秘密，允许幼儿表达自己的情感。在他们遇到问题时及时给予支持和帮助，引导幼儿学习表达和理解他人情绪，学习处理人际关系。

面对处于婚姻敏感期的幼儿，我们应该怎么做呢？

1. 充分了解幼儿的年龄特点，正确理解他们口中的“婚姻”。幼儿口中的结婚与成人理解的结婚是有本质区别的，更多的是对人际关系建立的学习，因此教师应避免以成人的眼光看待孩子的“婚姻”。

2. 引导幼儿学习与他人建立良好人际关系的方法。教师通过讲故事或游戏的方式，让幼儿在与异性交往的过程中，掌握与他人交往的方法，引导幼儿当与他人观点不一致时，要积极与人沟通、协商；当别人的言论引发了自己的负性情绪时，要主动向对方表达自己的负性情绪和原因。

（故事来源：首都师范大学昌江芒果幼儿园　荆玉梅）

妈妈，我长大
想和慈慈结婚！

15. 老师，我的花开了！

为了让孩子们了解植物，感受植物的生长过程，班里布置了一个植物角。孩子们陆续带来了自己的花，开心地为大家介绍着。

最初俊俊有些不情愿，但还是从家里带来了几棵没有生机的太阳花。安秋看了，说："你带来的花都死了。"还有小朋友说："这是假花，永远都开不了。"伴着孩子们你一言、我一语，俊俊的头渐渐低了下去。关老师摸了摸他的头，转身告诉其他小朋友们："俊俊的花睡着了，等它醒来，就会开出漂亮的花。"随后，关老师鼓励俊俊好好照料花。从那以后，俊俊便化身为"护花使者"，给小花浇水、晒太阳。在他的悉心照料下，一天上午，"赏花"的人群中传来了惊喜的喊声："老师，快来看呀，我的花开了，我的花开了！"其他小朋友也纷纷赞叹："俊俊，你的花真好看！"听到夸奖的俊俊不好意思地低下了头。

第二天，俊俊又从家里带来了两盆花，开心地对老师说："老师，我要把它们放在植物角，天天照顾它，让我们的植物角变得漂漂亮亮的！"

责任意识，从娃娃抓起

幼儿的责任意识不是先天就有的，而是在生活中慢慢形成的。1 岁半左右的幼儿自主性开始出现，独立性逐步增强，责任感便在此时萌芽。3 岁的幼儿更多的是为自我考虑，随着年龄逐步增长，他们的责任意识才会慢慢转向他人和集体。教师应在日常教学中帮助幼儿形成社会责任感，帮助幼儿正确认识自身成长对社会的效用所在。

俊俊一开始并不愿把家里的花带来幼儿园，带来的花也被小朋友们质疑是死掉的花，但是关老师理解了俊俊的行为，保护了他的自尊心，向大家解释那是“睡着的花”。在关老师的鼓励下，俊俊细心照料着这朵“睡着”的花，终于有一天这朵花“醒”来了。关老师帮助俊俊获得了成就感，俊俊也感受到了老师和集体的温暖，带花的主动性增强了，也更加热爱这个集体。

那么，如何培养幼儿的责任意识呢？

1. 有意识地交给幼儿一些任务，给幼儿承担责任的机会。教师可以认真分析幼儿园生活环节中能够培养幼儿责任意识的活动，让幼儿承担相关的班级任务，如饭后擦桌子、区域活动后收拾整理玩具等。在动手操作中培养他们完成任务的责任意识，并从中获得完成任务的成就感。

2. 科学引导幼儿，强化责任意识。教师可多讲一些关于责任心方面的绘本故事，让幼儿在书中学习做事认真负责的好品质。此外，教师可交给幼儿事情做，哪怕是很小的事情，都要鼓励他有始有终，让幼儿养成认真负责的好习惯。

（故事来源：首都师范大学昌江芒果幼儿园　关燕汝）

我的花开了！
傻傻

16. 我是自己小便的

妞妞每天都是一副开心快乐的样子，人见人爱。可就是这么可爱的孩子，却让刘老师很担心。因为她不会如厕，一天要尿好几次裤子，拉裤子的情况也时有发生。

经过一段时间的观察和家长沟通，刘老师发现原来妞妞还没有脱离纸尿裤，家长包办替代得多，因此不会蹲着上厕所。于是在征得妞妞家长的同意后，刘老师先让妞妞用坐便过渡，接着在一日生活中摸索妞妞的“生物钟”，及时提醒，并引导班级中自理能力强的大姐姐帮忙照顾她。此外，刘老师还设计了很多“蹲起”游戏，经常带着妞妞和其他幼儿一起在户外活动练习，锻炼下肢力量，帮助妞妞渐渐适应蹲着如厕这一动作。几个星期以后，妞妞不仅不需要用马桶了，还能在如厕前跟老师说“我要小便”，也就不再尿裤子了。这天放学，妞妞骄傲地对妈妈说：“我今天是自己小便的！”

破解“如厕难”的困境

独立如厕是幼儿自理能力之一，对身心健康、自信心的养成起着重要作用。它看似“水到渠成”，却有可能成为小朋友的“大难题”，需要成人加以重视。

妞妞的情况确实让刘老师着急，但刘老师并没有抱怨，更没有让幼儿为此感到“羞愧”，而是一次次地鼓励她，帮助她慢慢过渡。老师不仅为妞妞营造了一个宽松、包容、有爱的环境，还提供了有效的方式方法，渐渐地妞妞学会自己如厕了。

如何帮助幼儿减少尿裤子现象呢？

1. 寻找幼儿的“如厕信号”，鼓励幼儿主动表达如厕需求。教师通过观察了解幼儿的“如厕信号”，在幼儿出现需要如厕的小动作时，及时带领如厕，减少他们拉裤子和尿裤子的情况。同时，教师也应多鼓励幼儿主动说出“我要小便”等话语，并即时肯定幼儿主动提出的大小便需求。

2. 帮助幼儿建立如厕规律。在活动前、吃饭前、午睡前等时间，教师通过提醒幼儿如厕，帮助他们建立如厕规律，为后期他们自主如厕奠定基础。

3. 针对个别长期使用纸尿裤的幼儿，采取逐步引导过渡的方法。教师可提前与家长沟通了解情况，在征得家长同意后让幼儿使用便携马桶进行过渡，使幼儿适应在没有纸尿裤的情况下如厕。接着教师可通过“萝卜蹲”等蹲起游戏，锻炼幼儿下肢力量，帮助幼儿，让他们渐渐学会蹲着如厕。

（故事来源：北京市海淀区四季青镇常青幼儿园　姚希）

"蹲起"游戏棒!
我自己小便的!

17. 我还能当小组长吗？

无论班级开展什么游戏活动，赫赫总是按照自己的意愿，想做什么就做什么。户外活动结束了，孩子们都快速地排好队准备回班，赫赫却躺到地上胡乱蹬着脚，边哭边不停地喊：“我还要去玩那边的滑梯呢……”区域游戏结束了，孩子们开始收拾玩具，赫赫不但不收拾，还把玩具扔得到处都是，随后自己又跑到一旁玩了起来。同样的事情发生了好多次，老师们为此头疼不已。

这天，户外游戏结束后，马老师无意间发现赫赫正在把玩具按种类分好，于是赶快走到他身边，竖起大拇指夸赞道：“赫赫真能干，能当我们的小组长了！”听到老师的夸奖，赫赫高兴极了，做起事来更加认真。于是每次户外游戏结束后，马老师都请他来当小组长，帮助小朋友一起收玩具，并夸奖他收拾得最整齐。得到肯定后的赫赫经常会问：“马老师，我今天还能当小组长吗？”马老师微笑着对他点头并伸出大拇指。

正向激励，帮助幼儿建立规则意识

幼儿的规则意识是逐步建立的。有些幼儿能够按照时间要求结束游戏，并开始从事另外一件事；也有一些幼儿在游戏结束时，难以停止当前的游戏。遇到此种情况，教师应对幼儿进行正向引导，激励幼儿产生更多适宜的行为，心理学上称为“正强化”。通过这样的方式帮助幼儿逐渐建立规则意识。

起初，马老师对赫赫不收玩具、乱扔玩具的行为感到烦恼，但马老师通过对他的细致观察，尝试使用鼓励的方法让赫赫有机会服务大家。赫赫感受到了成功，也逐步提升了规则意识。

如何培养幼儿规则意识呢？我们可以从以下几个方面入手：

1. 引导幼儿理解规则是为了更好地保护自己和他人。教师可让幼儿观看交通规则类视频，观看后邀请他们谈谈自己的想法，讲解遵守交通规则的好处和不遵守规则的后果，让幼儿意识到规则对大家安全的重要性。

2. 与幼儿共同制定规则，温柔而坚定地执行。在制定规则时，教师主动听取孩子的意见，让他们参与规则制定的过程。制定完成后请幼儿用画、写等方式呈现出来，并张贴在班级相应的位置。后期教师与幼儿共同约定执行。

3. 用心了解幼儿需求，用他们喜欢的方式加以激励。对于喜欢当小组长的孩子，教师可以在他们遵守规则时立即给予肯定，如“你今天收拾得真干净，能当我们的小组长了！”对于喜欢当公主的幼儿，教师则可以夸奖“你刚刚的动作真像一位有礼貌的小公主。”教师通过这些正强化的方式，增强幼儿的规则意识，使其产生更多适宜的行为。

（故事来源：北京市海淀区四季青镇常青幼儿园　孙冬梅）

我还没玩够呢！
马老师，我还能当
小助手帮小朋友搬玩具吗？

18.“不守规则”的妞妞

午餐结束后，小朋友们都在盥洗室刷牙漱口，丁老师着急地从盥洗室出来，说：“刘老师，妞妞又在玩水，怎么说她都不肯听，刚换过的衣服又湿了，这可怎么办呀？”听完丁老师的诉苦，刘老师来到妞妞身边，轻轻地牵起妞妞的手，问：“妞妞你的衣服湿了，穿着湿衣服生病怎么办啊？”

“换一件。”

“嗯，妞妞会自己想办法解决问题了。那你现在能自己换衣服吗？”

“我可以啊！”

“这么能干又会解决问题的妞妞，如果还能做到遵守班级规则，那就更加了不起了。你能做到吗？”

妞妞大声说：“我可以，你看我，换下的衣服放在了书包里，没乱放。”刘老师微笑着和妞妞击掌，并贴上小奖励。下午，刘老师把活动调整成“怎样做才会让自己更棒”的讨论，孩子们纷纷提出自己的想法，妞妞也表现得特别积极，“老师我知道！洗手的时候要把袖子挽起来，不弄湿衣服。”老师赞许地看着她。从那以后，妞妞弄湿衣服的情况越来越少了。

帮助逐步建立规则意识

幼儿的规则意识是由外化向内化逐渐建立的。因此，对于小班幼儿表现出的自觉性差、做事随意、不遵守规则等问题，成人需要不断地对他们加以引导。刘老师在妞妞随意玩水弄湿衣服后，并没有批评她，而是鼓励和引导她解决问题。妞妞在得到肯定后，更加积极地投入到讨论中，后续弄湿衣服的情况也逐渐减少。

面对不遵守规则的行为，教师应如何去处理呢？

1. 正视幼儿不遵守规则的现象。幼儿不遵守规则是正常的，他们规则的建立是逐步从外化到内化的过程。因此教师应正确理解幼儿不遵守规则的行为，在此基础上逐渐引导。

2. 集体讨论，共同商议。教师可组织幼儿围绕日常生活中典型的不遵守规则的行为进行讨论，引导幼儿理解不遵守规则的坏处以及遵守规则的意义，鼓励幼儿遵守规则的行为。

3. 维护幼儿自尊，个别引导。当幼儿任性、不遵守规则的行为出现时，教师应将幼儿带到远离其他幼儿的地方单独交流，既保护幼儿的自尊心，也防止问题行为对其他幼儿产生影响。

（故事来源：中国人民解放军 63919 部队幼儿园　刘瑞霞）

你现在能自己换衣服吗?
我可以啊!

19. 各有所长，也有所短

一天美工活动，小朋友们都开始制作花束，只有果果迟迟不动，老师走过去轻声问：“果果怎么了？”果果说：“昨天的运球比赛，我跑得太慢了，他们不喜欢我。”老师摸摸她的头说：“没关系的，你手工这么好，相信自己！”手工活动结束后，老师特意把作品点评环节留给孩子们。

“我觉得果果的纽扣花做得最漂亮！”

“我也这么认为，果果的纽扣花颜色搭配得也很好。”

小伙伴们的夸奖让果果有些害羞，她轻声说：“我做事情速度比较慢，昨天还输了运球比赛……”

尧尧接着说：“有些事做不好也很正常。”

老师连忙说：“尧尧说得好！其实我们每个人都有长处和短处，有些地方可能做不好，但是有些地方做得还是很棒的。”

“我虽然个子小，拿不动重的东西，但是跑得快！”

“我虽然动作慢，但我是一个称职的值日生，我会把桌子擦得很干净。”

孩子们你一言我一语地说着，果果露出了灿烂的笑容。

做最亮的“小群星”

5—6 岁阶段的幼儿逐渐形成了集体意识，他们会为集体的荣誉而努力，也会因得不到荣誉而沮丧。活动中他们很看重结果，会因为队员的优秀表现而喝彩，也会因为队员的失误产生不满。

故事中，刘老师的适当介入不仅缓解了果果的担忧心理，还借此机会让幼儿分享了自己对长处与短处的看法，看到了自己的闪光点。

怎样帮助幼儿正确看待自己的长处和短处呢？

1. 发现自己的闪光点，增强自信心。教师可组织开展相关的集体活动，利用同伴间的相互欣赏，让幼儿在活动中进行自评和他评，发现自己和他人的长处，增强自信。教师还可以通过鼓励幼儿参与不同的活动，让他们发现自己不同领域的闪光点，如有的幼儿在户外运动方面比较薄弱，但是在美工活动中发现自己手很巧。

2. 坦然面对自己的短板。每个人都有自己不擅长的事，有的人跑步跑得很快，有的人怎么跑都跑不快。面对这样的事情，教师需要引导幼儿正确看待，坦然接受。不擅长没关系，我们也可以通过当啦啦队员为跑得快的队友加油。通过这样的方式，幼儿也能在群体中找到自己的位置和价值，提高自信。

（故事来源：中国人民解放军 63919 部队幼儿园　刘彩霞）

果果，过来玩吧！
可昨天的接力赛，我害小伙伴们输了。

20. 我喜欢化妆

中班上学期，班级开展了京剧活动，女孩子们经常在化妆间里把自己打扮得漂漂亮亮。小苇进入京剧表演区，兴奋地对杉杉老师说：“我好喜欢花旦粉色的妆啊，真漂亮！我就扮演花旦了！”只见一个画满粉色眼影和口红的小男生出现在了杉杉老师的面前。持续很多天，小苇一直这样，不禁让杉杉老师有些担心。

这天，杉杉老师给赫赫画了一个武生的京剧妆容。赫赫手拿刀枪棍棒挥舞的情景引来了许多小男生的夸赞，小苇也在关注着。结束后，老师问小苇：“你觉得武生帅气吗？”只见小苇害羞地低着头，腼腆地笑了。老师期待地对小苇说：“你也可以试一试，或许会有不一样的体验呢！”几天后，小苇穿上了武生的衣服，找到老师说：“您能帮我画个武生的妆吗？”老师既惊讶又兴奋地说：“好呀，没问题。今天你怎么想扮演武生了？”“我一开始觉得京剧的妆都是一样的，但是现在我才发现男生和女生的妆有些不一样，我才知道花旦是女孩子！”杉杉老师一下子明白了，原来是这样。

为什么会“男扮女装”？

学龄前儿童已经初步具有性别同一性，他们能根据外形、服饰等外部特征区分他人的性别，能够简单判断哪些行为是符合男性的，哪些行为是符合女性的，但还不知道性别是根据生殖系统的特征界定的。性别同一性的产生是幼儿不断发展与社会化的结果，一旦形成就很难改变。因此，教师需要创造丰富的环境，帮助幼儿正确认识自己的性别。

故事中的小苇由于对京剧中的角色缺乏认识，导致他仅仅从形象上喜欢花旦的角色，却没有弄清楚花旦是女性。这也造成了杉杉老师对他的担忧。在杉杉老师加以引导后，小苇选择角色时有了非常大的转变。可以看出，小苇的性别同一性已经形成。

怎样帮助幼儿建立性别同一性呢？

1. 帮助幼儿建立性别意识。在生活中，引导幼儿认识自己的性别和与性别相匹配的服装、发饰等外形特点。组织性别教育活动，让幼儿在活动中观察男生、女生的外表，初步了解男孩和女孩身体等方面的不同，形成正确的性别意识。

2. 满足幼儿对异性服饰的好奇心。幼儿偶尔穿着跨性别服装或扮演角色，并不一定是性别认同障碍的表现，可能是由于认知水平的差异和好奇心所致。教师不要过度担心，而应正向面对，满足他们在这个年龄阶段的发展需要。

（故事来源：北京市海淀新区恩济幼儿园　李杉）

老师！这个粉色的真好看！我也要扮演花旦！

21. 喜欢模仿的歆歆

魏老师最近有些苦恼，她发现班上的小女孩歆歆总是模仿她。无论魏老师去哪儿、做什么动作、说什么语气词，她都会照做，这个状态已经持续了很长时间。这天，班上正进行捏泥活动，魏老师发现其他小朋友都很有自己的想法，歆歆却又在模仿着她的作品。于是，魏老师开始担心起来，是不是歆歆模仿得太多了？长时间模仿会不会限制了她的想法？歆歆到底是出于什么想法要不断模仿自己呢？

带着好奇和疑惑，魏老师主动与歆歆交流了起来："歆歆，老师有件事很好奇，特别想听听你的想法，就是你为什么经常模仿我呢？"听到魏老师的好奇，歆歆支支吾吾地说道："魏老师，我……我特别喜欢你，我想变得像你一样厉害……"明白了歆歆心思的魏老师，伸手摸了摸歆歆的头，继续和她一起完成了未完成的作品。

模仿是学习的一种方式

安德鲁·梅尔索夫教授通过研究发现，刚刚出生仅几分钟的婴儿，在看到大人伸出舌头时，就能做出同样的动作。和其他灵长类动物一样，儿童都喜欢模仿，并通过模仿进行学习，获得能力。

故事中的歆歆因为喜欢魏老师，所以一直在观察并模仿着魏老师的行为，这正是幼儿在学龄前阶段，通过模仿进行学习，获得知识和技能的表现。

面对幼儿们模仿老师这件事，我们应该怎么做呢？

1. 模仿是幼儿学习的重要方式之一。教师应理解幼儿模仿的天性，为幼儿创设可以进行模仿与扮演的环境，开展形式多样、内容丰富的模仿活动，鼓励幼儿参与。

2. 合理利用幼儿模仿心理，规范自己的言行，成为幼儿的榜样。幼儿往往把身边的成人当作模仿的对象，教师也不例外。所以需要教师在日常生活中注意自己的一言一行，成为幼儿的好榜样。

（故事来源：北京市海淀新区恩济幼儿园　魏思霞）

22. 响屁和蔫屁

活动室里，孩子们正在专心地给书贴标志，一阵放屁声打破了安静的气氛。孩子们不由自主地把目光看向了睿睿："哈哈，睿睿放屁了""睿睿的屁太臭了""哎呀，我得离你远一点"。小朋友的反应让睿睿的脸一下子涨得通红，慌张得像一只找不到方向的小蜜蜂，连忙说："不是我，不是我……"

"你们知道屁分为响屁和蔫屁吗？"张老师的这个问题一下激发了孩子们的好奇心，也成功转移了他们对睿睿的注意力。"我知道！响屁特别响，蔫屁没有声音。"美妍说："有一次，我在好朋友家放了一个蔫屁，我当时特别害怕，怕她听见我的屁声。"果粒橙说："爸爸每次吃完饭，都会躺在沙发上放屁。"大阳说："我每次放完屁，就想要去大便。"听到小朋友们都表达着自己的"屁"事，睿睿也放松了。原来关于响屁和蔫屁，幼儿们有着如此丰富和有趣的生活经验。

幼儿们对"屁"的童言童语

在幼儿的成长发育过程中，会有一段时间对与排泄相关的事感兴趣，对屎尿屁感到好奇，这是幼儿处于肛门期的表现，符合幼儿成长发展的特点。

故事中幼儿听到了放屁的声音，对放屁产生了兴趣，大家纷纷聊了起来。老师也没有慌张，反而抓住这样的契机，通过谈话讨论了起来，丰富了大家对“屁”的认识，保护了睿睿的自尊心。

如果幼儿对“屁”感兴趣，我们应该怎么办呢？

1. 正确理解幼儿关于“屁”的对话。肛欲期的幼儿对“屁”感兴趣，这是十分正常的事情，与礼貌无关。因此，教师应对他们讨论“屁”的话语和行为表示理解，并根据幼儿的兴趣组织谈话，丰富他们对“屁”的认识。

2. 帮助幼儿缓解对“放屁”的尴尬。正如故事中老师听到幼儿们在讨论“放屁”时，并没有立即阻止他们，而是尊重了幼儿们的对话，运用幼儿园教师的智慧，组织相关活动满足幼儿们的好奇心和表达欲，积极地帮助他们认识自己的身体，缓解尴尬。

（故事来源：北京市海淀新区恩济幼儿园　张晓萌）

23. 我不要大灰狼

小智是班里年龄偏小的幼儿，因为身体不好很少来幼儿园，集体活动参加得也比较少。一次户外活动中，朱老师正扮演大灰狼和小朋友们玩着“小白兔与大灰狼”的游戏，小智捂着耳朵慌乱地在操场上跑来跑去，大喊：“不，不，我不要大灰狼！”朱老师赶紧跑向小智，只见他挥动着双拳打在了朱老师的脸上。突如其来的拳头让朱老师瞬间懵了，接着赶紧取下大灰狼的头饰，抱着他说：“别怕，我是朱老师，不是大灰狼！”小智慌乱地跑开。看着小智的状态，朱老师很担心。

由于每每提到大灰狼，小智的情绪都会很激动，所以朱老师特意与他一起做故事盒的手偶，共同讲述和表演故事。半个月过去了，有一次玩着大灰狼游戏，小智也主动参与其中，朱老师又一次抓到了他。他红着眼睛，情绪慢慢稳定下来，说：“你是朱老师，你不是大灰狼。”小智不再害怕大灰狼了，朱老师从心底为他感到高兴。

耐心引导，陪伴成长

幻想的内容来自个体对人脑中记忆表象的再加工。儿童早期的幻想和记忆容易混淆，这是由于他们的认知和理解能力还在不断发展的过程中。随着年龄的增长，5—6岁的儿童可以准确区分幻想与事实。

小智把朱老师扮演的大灰狼角色幻想成真实的大灰

狼，产生了恐惧情绪，表现出奔跑、大喊等行为。朱老师接纳了他的情绪及表达方式，取下头饰缓解小智的情绪，并通过手工制作、讲述等策略耐心引导，帮助幼儿分清楚假想游戏和现实生活，从而使小智获得安全感。

在游戏中幼儿将幻想和现实混淆的时候，我们应该怎么办呢？

1. 创设丰富的游戏环境，支持幼儿想象的发展。幻想是一种特殊的想象，对于幼儿想象力的发展具有重要意义。因此，对于他们天真的想象，教师不要过度焦虑，而应提供丰富的材料和活动支持儿童想象力的发展，让他们更具创造性，如角色游戏、创意艺术等。

2. 日常教学中引导幼儿区分幻想和现实。教师在讲故事或看视频时与幼儿互动，提供指导，帮助幼儿分析幻想和现实的场景；再选取动画片片段供幼儿观看，让他们指出哪些是能够在现实场景中发生的，哪些是幻想出来的。教师通过这样的方式，能提高幼儿对周围世界的认识，帮助幼儿逐渐辨别幻想与现实。

（故事来源：住房和城乡建设部幼儿园　朱玲）

24. 我就不想睡觉

自从半日入园过渡到全天，果果来园都会哭。从开始铺床，果果就说：“老师，我不想睡觉，我不要上床，我就坐在椅子上。”张老师同意了她的要求，说：“那张老师抱你坐着吧！”她说：“不，你坐我旁边就行了。”看着她困了，张老师又说：“我们换个地方，到床上歇会儿，好吗？”她点点头，很认真地说：“我不脱鞋，也不脱衣服，我不躺下，只坐着。”老师点头答应。看她坐在床上困极了，张老师走过去轻轻地拍着她的背。渐渐地，果果睡着了，张老师正准备把她放到床上，可她的头刚要碰到枕头就醒了。这次张老师决定一定要等果果睡熟了，再让她躺下。时间一点点过去，果果终于睡着了。看着她熟睡的小脸蛋，张老师提着的心总算放下了。

用爱呵护，陪伴入睡

幼儿刚到一个新的环境，需要一定的适应过程。平时的游戏和活动环节，幼儿的焦虑并不凸显，但到睡觉的时候，往往有些幼儿会表现得非常焦虑。一方面，幼儿习惯睡觉时有亲人陪伴，此时一个人睡小床安全感会缺失。另一方面，幼儿在家的作息时间与幼儿园不同，睡觉的时间也不一样，造成入睡困难。

张老师意识到果果因为与家人的分离产生了焦虑心理，并给予她充分的理解与关爱，果果在马上就要睡着时又醒了，这样的情况反复经历了几次。最后，张老师在果果身边陪伴着她，及时关注她的状态，等她睡熟了，才放下心来。

对于刚入园不想睡午觉的幼儿，有哪些策略呢？

1. 家园沟通，了解幼儿午睡习惯。有些幼儿在入睡前习惯听摇篮曲，有些需要依恋物的陪伴，有些则需要拥抱或者牵手才能入睡。教师可以在幼儿入园前，提前与家长进行沟通，了解幼儿的午睡习惯。

2. 轻声交流，耐心陪伴。幼儿的适应能力与分离焦虑会呈现个体化差异，有些幼儿入睡较容易，有些较为困难。在入园适应初期，教师可以游戏的方式带幼儿做上床睡觉体验，让他们提前熟悉小床，减轻对在小床睡觉的焦虑。正式午睡时，教师可以与幼儿轻声交流，表达对他们的关爱，建立信任感。在此基础上，教师再通过讲讲睡前故事、拍拍幼儿后背等方式，帮助幼儿入睡。

（故事来源：北京市海淀区北部新区实验幼儿园　张蕾蕾）

25. 我要自己穿鞋

快到做操时间了，孩子们都在陆续换室外鞋，准备排队去户外。只见轩轩还在和身边的小朋友聊天，老师特意走到轩轩身边提醒他，轩轩答应一声，根本不动手。

时间过去了几分钟，所有的孩子都排好队，准备到户外做操。李老师有些着急，连忙帮轩轩把鞋穿上了。没想到，这就像捅了马蜂窝一样，轩轩不干了，坐在地上哭了起来，边哭边说："我不要李老师帮我穿鞋，我想要自己穿鞋……"李老师看轩轩哭得那么伤心，赶紧安慰他："这样，你自己来穿鞋，只是时间比较紧张，你需要动作快一些，好吗？"轩轩点头答应了，很快就把鞋穿好了。

包办代替，好心也会办"坏事"

小班幼儿正处于埃里克森人格发展阶段理论中"获得自主感，克服羞耻感"的时期。此时的他们表现出强烈自主的意愿，凡事愿意亲力亲为，享受过程中的成功感和满足感。如果成人未能满足他们的想法或是过度包办，他们很可能会产生羞怯和疑虑。因此，教师应给予幼儿更多的自主空间让他们探索。

故事中，马上就要到户外做操时间了，李老师担心来不及准备，急忙帮助轩轩把鞋穿好，却好心办了"坏事"。轩轩感觉被剥夺了动手的机会，哭得非常伤心。后来李老师耐心陪伴轩轩，鼓励他自己穿鞋，并且强调时间紧张，轩轩很快就把鞋子穿好了。

如果幼儿一定要坚持独立完成某件事，我们该怎么做呢？

1. 理解幼儿自主性和主动性的需求。小班幼儿愿意主动尝试完成一件事是成长与能力的表现，是他们不断尝试与积累经验以获得自主感的最佳时机。教师应充分理解幼儿这一阶段的需求，而不应过度包办代替。

2. 与幼儿共同商讨完成某事项的时间，在此基础上给予孩子充分的时间和机会探索。教师应充分认识并把握教育契机，与幼儿商讨穿鞋的时间、喝水的时间等，帮助他们树立时间观念，让他们能够在规定时间内进行充分探索，独立完成，获得成就感。

（故事来源：中央军委机关事务管理总局红星幼儿园·太平路园 闫梅梅）

第二章　专业成长篇

幼儿园教师应学习先进学前教育理论，了解国内外学前教育改革与发展的经验和做法；优化知识结构，提高文化素养；具有终身学习与持续发展的意识和能力，做终身学习的典范。

——《幼儿园教师专业标准（试行）》

（教育部，2012）

1. 你离成功就差一个自信

欣欣是一名踏入幼儿园仅3年的年轻教师，她认真细致、踏实肯学的工作态度让她慢慢得到了园里领导和老师的认可，成为了一名园级骨干。一天，园长找到欣欣说：“近期有一次面向全市的公开课，园里想让你承担。”欣欣听后非常开心，很快又面露难色地说：“感谢园里给我成长的机会，可是……”看到欣欣欲言又止的样子，园长询问道：“有什么顾虑吗？”“我连区级公开课都没承担过，一下子就上市级公开课，能行吗？”园长鼓励道：“没有尝试过，怎么知道自己不行呢？大家会一起帮助你的。”“我真的可以吗？”欣欣还是不确定。“没问题，你离成功就差一个自信。”看着园长坚定的眼神，欣欣点了点头。

有了园长的鼓励，欣欣动力十足，积极备课、试课。在公开课当天，她调整好心态，活动开展得生动有趣。结束后，园长找到了欣欣，微笑着说：“今天活动组织得很好呀，祝贺你超越了自己！”欣欣激动地拉着园长的手，说：“谢谢您给我的鼓励，以后我还会不断挑战自己，让自己更加自信。”园长赞赏地点了点头。

充满自信，遇到更好的自己

自信是一种有能力或采用某种有效手段完成某项任务、

解决某个问题的信念，是心理健康的重要标志之一，也是一个人取得成功必备的一项心理特质。生活中，在面对重大挑战时，人们总会出现缺乏自信的情况，他们会怀疑、否定自己，缺少挑战自己的勇气。如果此时能够进行积极的自我调节或者得到旁人的支持，将有助于个体更好地建立信心。

欣欣虽然是一名业务能力较强的年轻幼儿园教师，但面对重大挑战时，还是不够自信。正是园长及时的鼓励与支持，给予了欣欣前行的动力，使其在自己的努力下取得了优异的成果。这也给欣欣带来了正面的激励，让她能客观地认识自己的优势与能力，自信地挑战新的高度，遇见更好的自己。

面对挑战，如何建立信心呢？

1. 客观面对，勇于尝试。教师在面对机遇与挑战时，敢于踏出尝试这一步，在不断的锤炼中积累教训与经验，善于反思，才能够逐步形成自信。

2. 认真剖析。当一项挑战摆在自己面前时，教师首先要对它进行认真分析，找到重点和难点，再仔细想想用什么样的方法解决；其次要进行自我能力剖析，冷静地分析自己的优势与劣势，在完成这项挑战时，如何扬长避短，获得成功。充分分析任务与自我后，我们才能更有心理准备地接受挑战，建立自信。

3. 寻求帮助，建立自信。当我们接受一个新的挑战时，除了对任务及自我的剖析外，还要诚心地与身边有经验的老师请教，通过讨论、分析，不断优化和完善自己在面对挑战时的方案，让自己有更充分的准备，就会更加从容、自信了。

（故事来源：北京市海淀区美和园幼儿园　韩伟巍）

2. 工作太多，我该怎么办？

一天上午，助教苗老师按照工作计划在备课室帮班长马老师做 PPT，同班的朱老师推门走过来说："苗苗，你做完 PPT 能跟我一起布置主题环境吗？"苗老师看了一下马上就要做完的 PPT，微笑着说："可以呀！我一会儿把 PPT 做完，发给马老师后，就去找您。"不多时，苗老师将 PPT 发给了马老师，刚要离开备课室，就收到了马老师的信息："苗苗，PPT 中视频剪辑得不对，辛苦您再调整一下！"苗老师犹豫再三，回复了马老师的信息："我刚刚答应了朱老师布置主题环境，我先去弄一下，视频很快就剪完了，中午之前发给您！"说着就跑回班跟着朱老师布置环境了。时间很快来到中午，马老师找到苗老师说："苗苗，视频做完了吗？我那个 PPT 下午得交给主任审核呢！"主题墙布置到一半的苗老师身子一震，弹射着往备课室跑，一边跑一边对朱老师说："朱老师，您等等我，我很快就回来！"

午饭时间到了，保育员付老师看苗老师还没回班，就端着饭盆到备课室找苗老师，说："苗老师快吃饭吧！咱俩昨天说好了今天吃完午饭一起刷拖鞋呢！"听到这话的苗老师，看看电脑中未剪完的视频，又想到没做完的主题环境，瞬间绷不住情绪大哭起来，边哭边说："我不吃饭了，我还有很多事儿没做完呢！"付老师不明所以，赶紧回班叫来马老师，马老师关切地问："怎么了？"苗老师急得哭了起来，"我答应您中午前剪完的视频没做完，上午和朱老师一起布置主题环境也没做完，一会儿还要和付老师一起刷拖鞋，事儿都做到一半，哪件事都没做好！"马老师坐到苗老师身边，缓缓地说："你是一个好老师，总是愿意多承担一些工作，但是如果来了事情全盘接收，不会拒绝，就会出现像今天这样的情况，托你帮忙的老师哪个都不会念你的好。"说着，马老师把苗老师带回班，和其他几位老师一起沟通，帮苗老师梳理清要做事情的顺序，苗老师紧锁的眉头终于舒展开了。

梳理顺序、分别落实

幼儿园教师的工作看似简单，实则纷杂。一日工作中，教师既要将孩子的在园活动安排妥当，准备丰富的集体活动、区域活动和户外活动，又要观察幼儿，记录幼儿的活动瞬间、保证幼儿在园期间的卫生和安全。如果赶上大节小节需要准备视频、节目的话，那工作量就更多了。

一个班配置的教师之间虽然工作职责各不相同，但也要互相配合，班级才能高效运转，因此互相帮忙也就很常见了。助教苗老师短时间内先后接受了同班级 3 名教师的帮助请求，即使牺牲了自己的休息时间，但每件事情也都没有善始善终。经验丰富的班长马老师一下子看出了问题产生的原因，及时指明，并帮助她与几位老师沟通，梳理出完成事情的先后顺序，分别落实，问题最终得以解决。

事情太多，忙不过来，应该怎么办呢？

1. 分清主次，量力而为。幼儿园教师工作量大，经常出现需要多线任务同时进行的时刻，如果再有同事过来寻求你的帮忙，事情就会越堆越多。这时，我们首先要做的是冷静一下，把需要做的几件事情列好，之后按照节点时间分别排序，缕清主次及顺序，最后一项一项地去完成。如果发现事情多到一人之力无法完成，不妨尝试一下拒绝他人的求助吧！

2. 延迟回应，真诚拒绝。遇到他人寻求帮助时，要耐心听完对方的请求，给自己争取时间，充分评估事件的重要性和自己的能力。如果现在手上的工作已经让你无法再帮助他人了，用真诚的态度向对方解释清楚原因，这样让对方更容易接受，减少负面情绪。掌握好拒绝的方法，拥有拒绝的勇气，同事关系会变得更好。

（故事来源：北京市海淀区美和园幼儿园　马鸣）

3. 数来数去，真数着了

小米是幼儿园小一班的教师，对工作一贯认真负责，每次从出班到户外操场总是数来数去，生怕少一个孩子。一次户外活动后，她带着孩子回班，在大厅遇到了小二班，两个班的小朋友互相打了招呼，就分别从两侧的楼道回到各自的班级了。到达班级后，小米老师开始清点幼儿人数，数了一遍又一遍，旁边的花花老师小声叨咕着："哎！小米老师的强迫症又犯了……"说着转头去做其他的事情。这时，小米老师焦急地跑过来对花花老师说："你数数看，咱们班是不是少了一个孩子？"花花老师这才意识到事情的严重性，核实后发现真的少了一个孩子！

小米老师赶快把孩子们安顿好，回想一路的情况，直觉告诉她问题应该出在与小二班相遇之后。当小米老师来到小二班时，看到乐乐迷茫地站在一个身着黄色上衣的小朋友旁边。原来乐乐把穿黄色衣服的小朋友错认成了自己班穿了同款上衣的小朋友。小米老师拉着乐乐的手，一路安抚着回到了班级，笑着对花花老师说："下回还是得数清楚，千万不能再让小朋友走错班级了。"花花老师使劲儿地点点头。

安全意识记心间，出来进去数一数

保护幼儿的生命安全永远都是幼儿园工作中最重要的内

容。幼儿年龄小，缺乏自我保护意识和安全防范能力，这就要求老师始终要保持高度的安全意识。对幼儿出勤情况牢记心中，在转换游戏场地时要清点人数，避免出现走失的情况。

小米老师看似有着数来数去的“强迫症”，但实则是在时刻关注幼儿的安全。她知道在关键节点易出现隐患，所以及时清点幼儿人数，发现确实少了一名幼儿的情况时，通过回忆，及时找到走失的幼儿，避免发生严重后果。这也让同班的花花老师理解了小米老师这样做是正确的。

工作中，我们要坚持把安全放在首位，具体需要怎么做呢？

1. 具有预判能力。首先，教师在设计活动时要保证活动的场地和环节是安全的，要提前预想整天的活动，预判出容易出现问题的地方，提前做好对幼儿的提示和安全教育。教师要做到“眼跟上、嘴跟上、腿跟上”，把幼儿的安全始终挂在心上，以防幼儿发生意外。

2. 抓住关键节点。教师要能够把握活动中的关键节点，例如活动场地的转换、从集中活动到分散活动、从低难度游戏性活动到高难度竞争性活动等，在活动前、活动中与活动后都要做好相应的安全防范与安全教育。

3. 合理站位，关注到每一名幼儿。班级教师在带幼儿做任何活动时，几名教师要分散站位，眼睛面向幼儿，保证视线可以关注到所有幼儿，相互配合、相互补位，保护每一名幼儿的安全。

（故事来源：北京市海淀区民族幼儿园　吴蕊）

1, 2, 3……我一定要数清楚，
千万不能再让小朋友走错班级了。

4. 合理安排才不会慌乱

运动会结束了，每位小朋友都得到了一份礼物。离园前，配班卓老师发现时间尚早，准备让孩子们把礼物拆开先玩一会儿。林老师见状，小声地对卓老师说：“马上就要放学了，要不让他们回家再玩吧！”卓老师说：“还有一会儿呢，来得及。”她转身就示意孩子们可以打开玩具了。孩子们沉浸在可以玩玩具的欢乐中，但是，对于他们来说打开玩具的包装并不是一件容易的事，孩子们开始此起彼伏地叫：“老师，我打不开”“能帮我打开吗”。好不容易多数孩子打开礼物正要开始玩，离园的时间也到了。林老师急忙组织他们收拾玩具、穿外套。有的孩子舍不得放下玩具，有的孩子忘记穿衣服，有的在匆忙中把玩具的零件弄丢了……

伴随着一阵慌乱，总算把孩子们安全送到家长的手中了，两位老师一起回到班里。看到地上、桌子上散落的包装袋和玩具零件时，卓老师一边收拾，一边说：“真对不起，是我没有考虑周到……”林老师笑了笑，打趣地说：“实践出真知，这回亲身体验过就知道该怎么做喽！”卓老师“扑哧”一声笑了。在此后的工作中，她注意安排好活动的时间，工作也变得越来越有条理了。

合理安排幼儿的活动

幼儿在园的活动质量有赖于教师对幼儿年龄特点的把控、活动性质和教师的组织能力等，教师需要提前对活动进行安排。充分的活动时间是保障活动质量的基本要素。

卓老师由于经验不足，没有充分考虑到时间是否充足，在马上就要离园时，让孩子们拆开礼物。这既没能让孩子们玩得尽兴，也导致工作环节出现了混乱。事后，卓老师认识到自己的问题，并在工作中注意活动的时间安排，慢慢地工作越来越得心应手。

怎样才能做到合理安排幼儿的活动呢？

1. 充分预估活动所需的时间。幼儿园根据科学保教的相关要求与本园的实际情况制定出幼儿一日生活作息制度。教师根据作息时间表、幼儿活动的形式、内容等因素，结合自身组织活动的经验，需要保证幼儿在活动中有充分的动手操作和亲身感知的时间，这些时间都需要教师在活动前提前做好功课，充分预留出时间。

2. 出现对幼儿活动时间安排不得当的情况时，教师可以根据孩子的年龄特点以及本班幼儿的日常表现，认真分析自己在活动设计时哪个环节是不恰当的，及时调整，不断进步。

（故事来源：北京市海淀区人民政府机关幼儿园　尹宇彬）

是我考虑不周，不该让孩子们在幼儿园把礼物拆开……

5. 我做不好主班教师

临近学期末，小一班的班长小花老师站在园长办公室门口，犹豫了很久，终于敲开门，怯怯地对园长说：“园长，下学期我不想做主班老师了。”园长听到此话，愣了一下问道：“先说说你的想法吧。”小花老师憋红了脸，说出了堵在心中多日的苦恼：“我的学历不高，比不上新入职的那些高学历的小老师们。而且，咱们园的家长大多都是高学历，对孩子的教育要求特别高，导致我每次和家长沟通都非常紧张，担心自己做不好会引起家长们的不满，所以我还是主动放弃吧。”园长听后微笑道：“你能看到自己的不足，这就是成长的开始。其实你有一个很大的优势，就是你的亲和力。你能够让家长和孩子都愿意靠近你、信任你，这一点多难得啊。发挥自己的优势，弥补自己的不足，你以后一定能成为优秀的主班老师。”小花老师听了园长的话，重重地点了点头，说：“谢谢园长，我一定多学习，争取更大的进步！”

相信自己，超越自卑

当人们觉得自己不如别人的时候，自卑感就会油然而生。自卑感不一定是一件坏事。所有人都曾经历过渺小和无力，都曾感受到自卑。自卑并不意味着懦弱，自卑感中也蕴藏着发展的动力。正是因为自卑，才要鼓起勇气和力量去超越自我，从这个意义上说，正是自卑感让人们从平凡走向卓越。

小花老师此刻正因为自己学历不高而深陷自卑感，甚至不敢面对眼前的工作，提出辞去主班一职。园长看到了小花老师此刻的困境，鼓励小花老师发现自己的优势，正确面对自己的不足，最终实现自我成长。

当出现自卑感时该如何面对自己，超越自卑呢？

1. 正面心理暗示，关注自我，不断提升。当我们发现自己的情绪被自卑感困住时，要让自己的脑袋中出现“我一定能行”“我相信自己”等正面的心理暗示，帮助自己潜意识形成自我鼓励的模式。此外，我们不应简单地用某一个标准拿自己和他人作比较，而应着眼于自己的优点，发挥自己的优势，增强自信。

2. 提高钝感力，积极面对，勇敢挑战。自卑的产生往往是对外界比较敏感，过于在意别人对自己的评价。超越自卑，就应该让自己对外界的反应迟钝些，增强钝感力，以平和、积极的心态坦然地做好工作中的每一个细节，面对每一次挑战。

（故事来源：首都师范大学　彭嘉怡）

你也有自己的优势啊!

6. 他们是不是针对我？

桦桦老师是杨老师曾经指导过的一名非常优秀的研究生。今天，杨老师接到了桦桦老师的电话，她委屈地说：“杨老师，我在幼儿园已经刷了两个月厕所了，难道我的工作只有搞卫生吗？教学的事情从不让我插手，外出学习也根本轮不到我。我学了这么多年的学前教育，是为了做一名优秀的幼儿园教师，不是为了来幼儿园刷厕所！他们是不是在针对我啊！”说着，电话一端传来了桦桦老师的哭声。杨老师听着，温柔地说：“老师们并不是针对你，很多幼儿园老师的职业生涯都是从‘刷厕所’开始的，我当年可是刷了整整一年的厕所呢！从基础做起，熟悉每个岗位的工作，才能为我们以后的教师工作打下坚实的基础。另外，你只有脚踏实地，不断努力提升自己，有朝一日才能让大家看见你的闪光！”桦桦老师听着杨老师的劝导，默默地点了点头，以后的工作中，她不断磨炼自己，终于在两年后成功通过竞聘成为一名班长。

做一朵努力生长的小蘑菇

一个刚进入单位的新人，常常觉得自己不受重视——打杂跑腿、端茶送水，机会总落不到自己头上，仿佛自己是一朵生长在角落里的蘑菇。这种“前途茫然”的感觉会持续整个“蘑菇”时期，直到长得足够高足够壮，才会被人重视，而这个时候，自己已经能够接触到阳光了。心理学将这种现象称为“蘑菇效应”。因此职场新人们需要用好现在的每一秒去努力生长，所有的停滞不前和怯懦担忧，都会延长“蘑菇期”。

桦桦老师是一名科班出身的优秀研究生，对自己充满了自信，对未来充满了希望。但是真正进入幼儿园后，却需要从最基础的卫生工作做起，不能立刻在教学工作上施展抱负，这导致她产生了巨大的心理落差，甚至产生了一种“被针对”的感觉。通过杨老师的耐心劝导，她知道了每位新教师在真正进入幼儿园工作时，都要卸下自己在学生时代的光环，从基础做起，成为一朵努力生长的小蘑菇。桦桦老师也通过自己的努力，不断成长，最终成为一名优秀的班长老师。

新教师如何顺利度过“破茧成蝶”的磨砺期呢？

1. 着眼当下，奠基未来。当我们初入职场，还不能实现自己的专业抱负的时候，我们应该踏踏实实地做好眼前事，立足于当下。认真体会每一个岗位的工作，了解幼儿园教师工作的琐碎和细致。当我们从一个岗位换到另一个岗位时，就更能体会每个岗位的艰辛和不易了。这些历练也就为我们未来更好的工作奠定了坚实基础。

2. 积累经验，静待花开。幼儿园的每一个岗位都有其存在的意义，也有值得学习的经验。当我们担任保育员的时候，能够积累照顾幼儿生活细节的常识，认识到干净卫生的环境能够让幼儿们健康快乐地活动；当我们做教师的时候，能够积累帮助幼儿发展各领域特长的经验，认识到多层次的区角玩具可以满足不同阶段幼儿的发展。我们现阶段经历的每一件事都是支撑我们走向远方的重要支点，也是实现理想的阶梯。

（故事来源：首都师范大学附属幼儿园　柏琦）

7. 心里打鼓的小梅老师

结束实习期，刚刚转正的小梅老师沉浸在确定了工作的喜悦中，每天都笑容满面，加上与一直工作的班级老师之间相处十分融洽，这些让小梅老师对未来的工作更加憧憬了。临近学年末的这一天，保教主任找到小梅老师，告诉她下学期要调到新的小班，与园里一名对教师要求非常严格的老班长共同迎接新一届的孩子。小梅老师嘴上答应，心里却打起鼓来。面对全新的环境，自己该怎么做？经验不足的自己，工作不被新班长认可该怎么办？一连几天，这些问题总是在小梅老师的脑海里盘旋。心中的焦虑让小梅老师茶不思、饭不想，工作的时候总是忘这忘那。班里的园园老师看到她这样，主动问她发生了什么事，小梅老师把这几天的焦虑一股脑儿地告诉了园园老师。园园老师劝解道："与其在这儿焦虑，不如想想自己能做些什么吧！"听了这话的小梅老师思考良久，决定"笨鸟先飞"，为了弥补自己经验的不足，她提前向新学年要一起搭班的主班老师请教带班的注意事项，为此还阅读了大量的书籍。随着准备工作的积累，小梅老师心里逐渐有了底，焦虑的情绪也逐渐放下，一种小小的确认感和成就感在工作的过程中逐渐产生。

和焦虑做朋友

和每一种情绪一样，焦虑也有着一体两面。一方面，焦虑的确让人们感到紧张不安，过度焦虑影响着人们的健康和人际关系。但另一方面焦虑也帮助人类适应生存，是应对风险的预警信号。成年人的世界不可能完全没有焦虑，而适度的焦虑则有助于提升工作和学习效率。

突如其来的工作调整让小梅老师陷入了焦虑。当自己要离开当前的“舒适圈”去适应一个未知环境时，焦虑悄然降临。当园园老师发现小梅老师的焦虑，对她的工作进行提示之后，小梅老师迅速找到了方向，暗自积累，努力学习，慢慢放下了焦虑情绪。

我们如何正确对待和有效调节焦虑情绪呢？

1. 接受焦虑，直面困难。每个人面对突然的变化，都会产生焦虑的情绪。当焦虑来临时，我们不要急着否认和抗拒，尝试接受焦虑，深呼吸，借助自我暗示“我可以应对”“没有问题”“我比别人行”等话语安抚焦虑。在工作中，我们要积极查找和积累相关的资料，主动与相关的人员沟通，获取经验，做好面对焦虑的准备工作，打有准备的仗。

2. 转移注意力，自我放松。若工作让人心烦焦虑，我们可以暂时转移注意力，做一做慢跑、游泳、瑜伽等可以舒缓呼吸的运动，更好地稳定自己的情绪。另外，在烦躁不安时，我们可以尝试自我放松练习，让自己安静地坐下来，紧握拳头并紧绷胳膊，体验上肢的紧张感觉，然后忽然把拳放开，体会手臂的沉重、无力、放松。反复几次，身体的放松就会带动情绪的放松。

（故事来源：首都师范大学附属幼儿园　王辰）

8. 爱拖延的涵涵老师

现在是周一晚上，距离交年度教学总结的日子还有3天。涵涵老师打开电脑，一会儿弄弄手机，一会儿发发呆，好不容易敲下一行字，脑子里就冒出一个声音："明天再写吧，这点儿任务一个下午就搞定了，你看你都这么困了，明天再写也不迟。"于是，涵涵老师打了个哈欠，打算关电脑了。就在此时，一条微信消息蹦了出来，是主班李老师，她问道："涵涵，你是不是又要偷懒了，赶快写年度教学总结哦，明后天我们就要开会，你别拖到最后哦。"涵涵老师看着手机上的信息，瞬间脸红："啊，李老师您真是太懂我了！我正要关电脑去偷懒呢！"李老师回复说："今天有空就赶紧写完吧！临近期末，不知道明天还会有什么事儿呢！我盯着你，赶紧写完！"涵涵老师看着李老师的信息，打开电脑，全神贯注，一会儿就把年度总结写完了。

别让"拖延症"拖垮你

心理学家用一个生动的比喻解释拖延症——在人的头脑中有一只及时行乐的"猴子"，它不懂得现在和未来，只知道"简单"和"快乐"。当人试图做出理性决策时，它就跑出来抢夺方向盘，让人逃避当下任务，享受一时的快乐。拖延就是饮鸩止渴，虽然短时间内能给人带来一些安慰和快乐，但长远来看反而会使人压力倍增。

涵涵老师任务当前却习惯性拖延，眼下看似可以短暂逃避压力，可是两天之后，当任务的截止日期来临时，那种“压力山大”的感觉肯定会让她心慌手抖、焦虑不已。还好李老师及时督促涵涵老师，让她能够提前完成工作。

我们做些什么可以克服拖延症呢？

1. 养成“今日事今日毕”的习惯。当任务来临时，我们应该马上着手，以防后续出现无法预判的工作造成任务的累积，使工作压力激增。对于能够当日完成的教学计划、总结等文字任务，我们尽量当日完成，可以让自己之后的工作状态更加松弛。

2. 设立不拖延奖励机制。我们可以每天晚上梳理和制订第二天需要完成的工作任务表，遇到复杂、工作量较大的任务时，可以将任务分割成几天完成，保证进度。我们如果按计划完成了当日的教学总结工作，可以给自己一个小小的奖励，如一杯喜爱的奶茶、看一部喜欢的电影等。如果我们一周有两次及以上没有完成计划任务，就给自己设定一个小惩罚，比如取消周末的电影等。

（故事来源：首都师范大学　李元华）

9. 我知道了

张老师是一位优秀的学前教育研究生，来园后被安排和经验丰富的胡老师做搭档。这天，班里最后一名小朋友被接走后，张老师犹豫了一会儿，开口说：“胡老师，咱们班孩子很听您的话，但是我带班的时候孩子们总是不听我的，难道他们对我组织的活动都不感兴趣吗？”胡老师沉默了一会儿，回答道：“张老师，其实之前我给你提过建议。每次提醒你，你总是说‘我知道，我知道。’但我能感受到，你并没有听进去。”张老师脸红了，自己的确有这样的想法，觉得自己是科班出身的高材生，心里有点儿嫌胡老师的做法老套过时了，便总是用“我知道了”来敷衍胡老师的建议。想到这儿，张老师红着脸拉着胡老师的手说：“胡老师，以前都是我太自以为是了！以后还是得向您多请教呢！”两位老师并肩走向班里，楼道里还回荡着她们的笑声。

快速成长需要空杯心态

自满让人难以进步，要快速成长就要有“空杯心态”，将自己原来的荣耀、资历和经验放下甚至归零，虚怀若谷地多向他人征求意见。空杯心态是对过去的一种舍弃，也是对自己的一种“积极”否定。舍得之后才能获得更多。否定自己需要很大的勇气，但唯有如此才能找到自己的差距和不足。

张老师是优秀的学前专业研究生，带着满满的优越感进入幼儿园工作，不知不觉中，心中的杯子“满了”，总觉得别人的经验和意见不够好，听不进去，结果在实践中遭遇了挫折。好在张老师及时发现了自己的问题，向有经验的胡老师虚心求教，在工作上得到了真正的进步。

怎样“倒空”自己，迎接新的成长呢？

1. 尝试归零，永不自满。学历固然重要，高学历代表着我们学会了更专业的知识，学习到了最新、最前沿的专业研究方法。但是在实际工作中，我们还是需要老教师看似老旧的带班经验的辅助，才能事半功倍。新入职场的老师，要多向有经验的老师学习实用的工作方法，比如如何建立良好的班级常规、怎么才能抓住幼儿的注意力等，将理论与经验相互结合，才能让自己有更大的进步。

2. 保持谦逊的心态，及时反思。初入职场时，“不会”“不知道”是很正常的，我们应保持积极向上的状态，多向有经验的老师问“为什么？”“怎么做？”，多倾听他人的想法和经验，将自身所学与自己的实践工作结合着思考并调整，多维度地完善自己，不断进取。

（故事来源：首都师范大学　邹思静）

10. 蝴蝶为什么要一起躲雨

这天，刘老师在给幼儿们讲“三只蝴蝶”的故事：“下雨了，一只红色、一只黄色和一只白色的蝴蝶想在花朵下面躲雨。可是花朵们只愿意给和自己颜色相同的蝴蝶提供帮助。三只蝴蝶宁可淋湿自己，也不愿单独躲雨，她们重复着说要留一起留，要走一起走。”讲到这里，果果忽然站起来说：“老师，为什么这三只蝴蝶非要凑在一起躲雨呢？每只蝴蝶找一朵花躲雨难道不好吗？”

刘老师一下子就被问住了，心想这还真是个重要的问题。于是，她决定放下自己原定的教学计划，抓住这个宝贵的机会，看看幼儿们有哪些新想法。她让幼儿们讨论“如果你是蝴蝶，你会怎么做”，并和幼儿们一起改编了故事。在随后的一段时间里，幼儿们制作道具、练习台词，在新年晚会上，表演了一场别出心裁的“新三只蝴蝶”。

问题是最好的教育契机

孩子天生好奇、好问，具有非常强烈的学习与探究的愿望，是珍贵的品质与资源。教育就是要解放孩子的天性，善于运用能够激发孩子兴趣的方法，支持孩子的活动，促进孩子的发展。

刘老师不仅能冷静对待教学中的“小插曲”，还能够将问题转化为契机，借此生成了一场充满想象力的活动。

在她充满智慧的引导下，幼儿们不仅仅听了故事，还参与到讨论和创编中，让他们感受到自己的想法得到了重视，在思考和创新中体验到自主与成就感。

怎样成为一名善于化问题为契机的智慧型幼儿园教师呢？

1. 抱着开放的心态，欢迎提问。教师要珍视幼儿提出的问题，以问题生成活动，追随幼儿的兴趣与想法，支持他们在解决问题的过程中成长。发现问题和解决问题的过程比正确的答案更重要。幼儿园教师不要总想着对幼儿提出的所有问题都要给出正确答案，而要转变观念，和幼儿共同探索，引导和支持幼儿解决问题。

2. 设置“问题口袋”，收集幼儿的问题。当幼儿有了问题时，教师可及时地帮助幼儿用绘画方式记录下来，存放在“问题口袋”里。在定期的分享活动中，幼儿可以取出自己的问题，谈一谈自己的想法，还可以请同伴或者老师帮忙出谋划策，共同制定出解决方案并加以实施。

（故事来源：首都师范大学附属幼儿园　王婷）

11. 简单的道理不能简单地说

多喝水对身体好，齐老师每天都要多次提醒孩子们喝水，可孩子们总是回答："老师，我不渴。"这可愁坏了齐老师，怎么这么简单的道理和要求，孩子们就是不能接受呢？

齐老师无意中发现妞妞小便后并没有立即走开，而是看了看小便，然后才冲水。这一举动让她萌生了一个好办法。她让孩子们用绘画的形式，记录下自己小便的颜色，并向孩子们展示了三种深浅不同的水，然后让他们比一比自己的尿液和哪种颜色最相近。孩子们议论着："喝水少了尿就会变黄，身体就会不舒服、不健康""我的尿有点儿黄，我得喝点儿水了"。从此以后，孩子们喝水的积极性果然提高了很多。

道理应该这样"说"

由于幼儿的思维发展正处于具体形象阶段，无法理解和接受较为抽象的道理，所以很多老师都发现对幼儿"说理"往往收效甚微。此阶段的幼儿对环境和图像比较敏感，他们更容易通过具体形象获取直接信息。因此，教师可以将道理渗透在生活和环境中，让幼儿能"看"懂。

"多喝水对身体好"的道理虽简单，可实施起来却让齐老师很苦恼。齐老师从一次偶然的观察中得到启发，于是采用形象直观的方法，让道理变成实物，使幼儿认识到喝水量和尿液颜色之间的关系。从此以后，孩子们喝水的积极性得到了提升。

教师怎么“说”，孩子才能听呢？

1. 鼓励幼儿亲身体验，帮助幼儿总结道理。相比成人总结出的道理，幼儿更容易从自己的经验中获取知识，并调整自己的行为。这样一来，相比成人的讲道理，幼儿成为主动学习者，更易获得积极情感。

2. 把道理转化成为幼儿易懂的故事、图片、歌谣、游戏等。生动有趣的故事和一目了然的图像，更易让幼儿理解和接受。教师要对一些较为复杂的道理，采取化繁为简、举例说明的形式。

（故事来源：首都师范大学附属幼儿园　张何杰）

12. 马桶小勇士

小希又拉裤子了，这已经是本周第二次了。刘老师找来小希问："小希，刚才老师问你要不要便便，你为什么说'不要'啊？"

"因为我不喜欢幼儿园的厕所，我怕掉进马桶的洞洞里。"

"你看你已经长这么大了，不会掉进去的。弟弟妹妹比你小，也没掉进去呀！"刘老师一边说，一边比画。

小希点了点头。刘老师接着说："谢谢小希告诉我这个秘密。其实，我也害怕一件事情。"

小希听罢，眼睛一亮："老师，你也会害怕呀？"

"是呀，老师怕黑，晚上睡觉都不敢关灯。咱俩比一比，看谁先战胜自己害怕的东西，好吗？"

小希兴奋地说："好，拉钩！"

在接下来的日子里，小希和刘老师每天都会交流自己的新突破。"老师，我不害怕马桶了，我可以自己拉臭臭啦！"小希兴奋地宣布自己的战绩。"恭喜你，战胜马桶的小勇士！刘老师也不再害怕黑了。"刘老师和小希高兴地击掌，庆祝她们的胜利。

做幼儿心中的"自己人"

"自己人效应"是指当一个人将你视为同一类人的

时候，会更加相信你，更容易接受你的建议。师幼互动中，如果幼儿觉得教师不是“自己人”，就会对教育者抱着防备和抵触心理。只有赢得幼儿的信任，取得幼儿的认同感，才能走进幼儿的心里，达到事半功倍的教育效果。

故事中的刘老师并没有居高临下地批评小希，或者讲一通道理，而是以自己的亲身经历与小希平等交流，让小希感受到“原来老师和我一样，也有害怕的事情”，找到了这种“自己人”的感觉。小希更愿意向刘老师敞开心扉，接受刘老师的建议。

幼儿园教师该如何让自己成为幼儿心中的“自己人”呢？

1．寻找和幼儿的共同点。教师要善于观察幼儿，有意识地和幼儿说一说两人间的共同点，比如“我们都穿了红衣服”“我们都是女孩子”“我们都怕小虫子”等。找到和幼儿的共同点，能够更快拉近自己和幼儿之间的距离，是教师成为幼儿“自己人”最快的一种方式。

2．与幼儿共情。“我知道打针很疼”“被人误会确实让人不好受”，当教师接受和认同幼儿的感受，教师也得到了幼儿的接纳和信任。相反，当教师拒绝幼儿的感受时，也关闭了幼儿向教师敞开心扉的大门。

（故事来源：首都师范大学　彭嘉怡）

13. 我也想和你们一起玩

户外活动时间，洋洋带着几个小朋友围坐成一圈玩传球游戏，大家玩得不亦乐乎。瑞瑞抱着球跑到洋洋面前说：“能加我一个吗？我也想玩。”洋洋头也不抬地说：“不可以，我们人已经够了，你再来就太挤了。”过了一会儿，瑞瑞突然向游戏圈内重重地扔了一个球，并喊道：“谁接到了我的球，谁就胜利了！”围绕在游戏圈的小朋友们对瑞瑞突然砸进来的球感到非常不满，洋洋说：“我们不接他的球！”看到小朋友们拒绝了他，瑞瑞沮丧地蹲在原地。

苹果老师见状走了过去，对洋洋说：“你们的传球游戏真有意思，不如我们来挑战一个难度更大的游戏吧！”孩子们瞬间感到很兴奋，苹果老师继续说道：“球传到位置 1 得一分，位置 2 得二分，位置 3，就是瑞瑞蹲的地方得 3 分，我们摆好位置就开始好不好？”孩子们觉得很有趣，瑞瑞也很快地加入到了游戏里。过一会儿，瑞瑞又提出了新的游戏玩法，大家一起玩得很高兴。

引导幼儿巧妙介入游戏

研究表明，如果幼儿试图进入其他伙伴已经开始的游戏，有很大的可能性是遭到拒绝的。如果幼儿能够顺利地加入已经开始的游戏，表明他已掌握了较高的交往技能。在介入游戏的策略中，包含主动邀请、联合他人、攻击破坏、语言协商等。其中，攻击破坏是介入成功率较低的方式。

瑞瑞在加入游戏圈时首先采用的策略是请求的方式；加入失败后，采用了破坏他人游戏的方式，同时在没有和他人协商的情况下，强行改变他人的游戏规则。瑞瑞的破坏行为并非是单纯地发泄情绪，更多是想引起同伴关注，迫切地想要加入游戏。

教师如何引导幼儿加入他人的游戏呢？

1. 引导幼儿学会请求。例如，"我可以加入你们的游戏吗？"向他人发出请求时，要礼貌、诚恳。教师要鼓励幼儿说出自己可以为团队贡献的力量。幼儿介绍一下自己的优势，例如，"我控球还是不错的呢"或者"如果加上我，正好双方男女数量相等"。

2. 间接加入游戏。教师可引导幼儿采取为双方加油、对游戏进行解读与评价等方法，开启共同的话题，赢得游戏双方的认可，从而加入到游戏之中。

3. 创造需要新成员的游戏情境。教师可引导幼儿提出游戏的新点子，让游戏需要更多的人手参与，鼓励增加新成员。

（故事来源：首都师范大学附属幼儿园　陈艳婕）

14. 一口吃不成一个胖子

“累死了，一天闹哄哄的，管了这边，那边又乱了，真是一刻也不能放心！还有改不完的计划、反思、总结，我太难了！”张老师一回家就瘫在床上不停地吐槽。

“是所有的老师都这么累吗？”妈妈问道。

张老师仔细想了想说：“还真不是。我们班长周老师就不是这样。我觉得很奇怪，为什么她轻松一说，孩子就特别配合，我费半天劲儿，孩子们也不听我的。她工作效率特别高，教案也特别出彩，简直就是三头六臂。”

“人家都工作十多年了吧？”妈妈说。

“妈妈，人家很年轻，刚工作四年。不过……我还就不信了，再给我两年时间，我也会做得和她一样好的！”

妈妈说：“是啊，一口吃不成一个胖子，慢慢来，相信你一定行！”

专业知识 + 教育实践 = 专业能力

幼儿园教师的工作既细致又复杂，它需要高尚的师德、专业的知识和全方位的能力。教师的专业能力要能够支撑他们组织开展各类型的活动，促进幼儿在游戏与活动中发展，才能成为一名合格的幼儿园教师。青年教师在工作上能够满腔热血地投入，具有较强的专业知识，但在知识转化为专业能力上，还是需要不断地积累经验。这是一名教师不断走向成熟，实现专业化发展的必由之路。

周老师的举重若轻是建立在扎实的专业能力和经验基础上的，而张老师感受到的压力和忙乱，在很大程度上还是由于自己教育实践经验有限，专业基础还不够扎实。张老师也意识到了，只有发展专业能力，才能缩小自己和周老师之间的差距，成长为一名优秀的幼儿园教师。

怎样成长为一名具有专业能力的优秀教师呢？

1. 通过观察优秀教师的教育行为来学习。优秀教师经过多年的经验积累，形成了较为稳定的专业能力，在遇到一些棘手的教育问题时，能够采用适当方法妥善解决。仔细观察他们的行为，了解行为背后的理念，可以帮助青年教师快速掌握教育技能。

2. 上好每一节教育活动，打磨好一日生活中的每一个环节。从一点一滴做起，教师要不断修正与完善，并在此过程中，通过看书、观摩、交流等形式积累专业知识，在实践过程中不断优化教育策略。

3. 勇于承担重任，抓住成长的关键机遇。年轻教师要主动承担观摩课、公开课等任务，并以此为契机不断研磨教育活动，把握好教育活动从设计到实施的全部过程，提升自己的专业能力。

（故事来源：首都师范大学附属幼儿园　赵雅莉）

15. 成为最好的自己

一天，张老师和平平老师详细交流完班级主题墙的创设思路后，平平老师说："就这点事儿，我明天就能搞定。"听到她轻飘飘的语气，张老师问："平平老师，这个主题生成的过程，你理解了吗？""不必每次都那么认真，偶尔一次也可以偷偷懒嘛！"张老师的脑海中不禁浮现出平平老师刚来幼儿园时常常追着老师们问东问西的样子。想到这儿，张老师诚恳地说："你还记得来幼儿园上班的初心吗？"面对张老师的问题，她愣住了。张老师看着她年轻的面庞，继续说："你想当一名好教师、好班长，就需要把每次活动都当成学习的机会。那些看似平平常常的工作，如果坚持高质量地完成，每天进步一点点，你将成为最好的自己。"

平平老师听了张老师的话，重重地点点头，眼眸中闪着光，坚定地说："放心吧，我一定认真准备。我要做一名好老师、好班长，成为最好的自己！"张老师欣慰地笑了，拍着平平老师的肩膀说道："相信你！"

明确职业目标，助力自身成长

新任教师在工作一段时间后，会出现目标感消退的现象，表现为不想面对压力，只想得过且过。此时，教师如果不能重拾目标，缺少工作动力，逐渐会产生职业倦怠。

平平老师对主题活动的语言、行为、态度等一系列的反应，显示出她正处在目标感缺失的状态中。此时，张老师的一番开导让平平老师重新找到工作的激情与目标，坚定了职业理想。

如何帮助年轻教师缓解职业倦怠，追求更高的职业目标呢?

1. 及时捕捉、关注、疏解倦怠心理。作为班长或者园里有经验的老师，我们要当新教师的领路人。我们应该及时发现身边年轻教师出现的心理和行为问题。当发现年轻教师有职业倦怠的语言、行为、态度产生时，我们要主动和他们聊一聊近期的工作状态，谈一谈职业目标，分享和幼儿在一起的趣事儿、暖心事儿，帮助他们体会幼教工作带来的职业归属感和幸福感。

2. 关注细节，不断树立工作目标。工作中的每一次环境创设、每一次区角布置，以及带班时的每个环节都是对外展示的平台，我们应该摒弃应付心态，认真对待每一件事，抓住每一个细节。久而久之，便会形成稳固的专业素养，从而为实现自己的职业目标奠定坚实的基础。

（故事来源：北京市农林科学院幼儿园　张平）

你想要成为一名优秀的教师，可不能这么混下去了。

16. 长大后我想成为您

今天是李老师女儿睿睿的9岁生日，全家人齐聚一堂为她庆祝。唱完生日歌后，睿睿许下了一个愿望。就在家人们吃着美味的蛋糕和可口的饭菜时，睿睿悄悄地贴近妈妈的耳边，说："妈妈，您猜我的愿望是什么？"

李老师好奇地问："这个，我可猜不到。"

"我长大后想当老师，嘘——"

李老师压低声音疑惑地问："老师？"

"对，我想和妈妈一样，长大后也做一名幼儿园教师。"

李老师欣喜地说："你一定有自己的理由，能和我分享一下吗？"

"因为您每天回到家都和我说幼儿园里有趣的事情，比如小朋友们有多可爱，和他们在一起有多开心。我很好奇，您为什么每天都早出晚归，回家后总是接打电话，写东西也要到很晚，却乐此不疲。我猜当幼儿园教师一定是幸福的，长大后我也想成为那样的人。"睿睿郑重地说。

听了女儿的话，李老师在睿睿的脸颊上吻了一下，说："让妈妈觉得最幸福的是有一个懂我的好闺女！"

可以传递的幸福

每天充实而忙碌的工作给李老师带来了快乐和幸福，她对工作的积极态度潜移默化地感染着女儿。在9岁生日时，女儿许下心愿，希望未来能够像妈妈一样成为一名幸福的幼儿园教师。幸福就这样在妈妈与女儿之间传递、流淌。

即便工作中充满着忙碌与劳累，人们也会因为内心的美好体验而感到职业幸福。拥有幸福感的人将带给他人积极的能量。美国心理学家伊莱恩·哈特菲尔德提出了系统的情绪传染理论，他指出人们通过情绪状态和行为无意识地对他人产生影响，这也印证了情绪也像感冒一样会“传染”。

如何向身边的人们传递幸福呢？

1. 真心喜欢幼儿。喜欢幼儿活泼可爱、天真无邪的样子，愿意和他们在一起生活和游戏。面对孩子有油然而生的亲密感，相处时间越长，越能和他们产生默契，甚至能和他们一起创造出只有彼此才能听懂的语言。

2. 经常和身边的人分享幼儿的趣事。幼儿园里每天都在发生着各种各样的事儿，有的让人捧腹大笑，有的让人啧啧赞叹，生动有趣、触动心灵。

3. 积极解决问题，获得成就感。把暂时的困难当作挑战，以积极正向的态度找到解决问题的好办法，在提升自己的同时获得成就感。当我们自身拥有强大的力量，就能把美好与幸福传递给身边的人，让彼此感受到在群体中幸福的力量。

（故事来源：国家机关事务管理局花园村幼儿园　季晓蕾）

妈妈，你猜我现在有什么愿望？
我长大后想当老师，成为幸福快乐的人！

17. 幸运手环

阳阳是一个来自“星星”的孩子，他被鉴定为有自闭症倾向，情绪不太稳定，甚至会做出一些危险的事情。

一次，阳阳发起了脾气，跳上跳下、大哭大闹，躺在地上用头使劲地撞着地板，刘老师赶快把他抱入怀中。这时，阳阳突然用力咬住了刘老师的手腕，并使尽浑身的力气，不肯松开。刘老师强忍疼痛，轻轻地拍着阳阳的后背，眼泪却忍不住往下掉。当两人四目相对时，阳阳慢慢地松开了嘴。此时刘老师的手腕上留下了一圈红红的牙印。阳阳看到后，马上把头扭向了其他地方。刘老师看出了阳阳的自责和害怕，说：“我知道你不想伤害我，只是情绪小怪兽在作怪，你想不想帮老师做一个幸运手环？戴上它，印记就不见了！”阳阳使劲地点了点头。

手环很快就做好了，阳阳把手环戴在刘老师的手上，并用不太流利的语言对刘老师说：“希……望老师……幸运！”

用智慧点亮“星星”的天空

自闭症儿童的语言表达和社会交往能力较弱，他们不愿意与他人交流，情绪不稳定。但他们同其他的孩子一样，都有着被爱的需求，更需要他人的关爱和理解。

刘老师能够理解和接纳阳阳。当阳阳情绪失控时，刘老师主动安慰他。当他咬住刘老师的手腕时，刘老师强忍着疼痛安抚阳阳。最让人感动的是，刘老师为了不让阳阳过于自责，想出了解决手腕上齿痕的好办法，用智慧巧妙化解了阳阳的内疚。

那么如何守护这些来自“星星”的天使呢？

1. 平等对待幼儿，让他们感受到温暖。自闭症幼儿同其他幼儿一样，都有着被爱的需求。因此，教师应平等地对待他们，用温柔的眼神、温和的语气、简洁的语言与他们进行沟通，并营造更加包容的班级环境，让他们感受到教师与班级的温暖，获得安全感。

2. 针对自闭症幼儿的独特性，给予他们更多关注。教师要多观察、记录他们的生活，当他们出现反复摇头、来回奔跑等刻板行为时，要给予一定的空间和时间，让他们慢慢舒缓情绪。当他们情绪激动，做出一些可能会伤害自己的行为时，教师应第一时间上前制止，抱住他们的双手，让行为停止。待幼儿情绪稳定后，教师再温和地与他们沟通解释，告诉他们不要这样做以及不要这样做的原因。

（故事来源：北京市海淀区四季青镇常青幼儿园　范薇）

18. 做一个智慧的孩子王

今天，丁老师拿魔尺拼了一个魔球，孩子们纷纷投来崇拜的眼光，这也让丁老师的自豪感油然而生。正当丁老师得意之时，一双双小手也伸了过来："丁老师，丁老师，给我也变一个魔球吧！""变魔球太神奇了，我也想要一个魔球！"刚开始有的小朋友看老师在忙，还在自主尝试，不一会儿就都过来找丁老师帮忙。想要魔球的孩子越来越多，丁老师被他们团团围住，手忙脚乱，应接不暇。还好这时主班刘老师过来了，对全班孩子们说："让我看看哪个小朋友能够在自己的座位上动手拼魔球，丁老师会随时关注你们哦，如果你遇到困难了，她会过来帮助你。"孩子们一下子回到了自己的位置。

这时，丁老师已经全身是汗，连忙感谢刘老师："还好您帮我控制住了场面，刚才这种情况，我还真不知道怎么样既能照顾到全体，也能兼顾个别孩子，真是向您学习了！"

化解"忙乱"我支招

无论是幼儿，还是成人，都有依赖心理。幼儿在老师没有提出具体要求时，会选择最容易实现的方法——请老师帮忙来获得成功。丁老师愿意和每一位幼儿互动，帮助幼儿把魔尺拼成魔球，但是在组织幼儿的活动中却缺乏一定的方法，导致幼儿把老师团团围住，这很容易出现安全事故。在主班刘老师的帮助下，幼儿回到自己的位置安静等待，帮助丁老师“解了围”。丁老师也从这件事学习到了组织幼儿活动的方法。

怎样处理个别幼儿和集体的关系，做一个智慧的“孩子王”呢？

1. 安全意识记心间，智慧控场促成长。教师要先智慧控场，组织好大部分幼儿的活动。遇到问题根据事情的轻重缓急，一件一件地解决，化解忙乱的同时保证安全有序。

2. 发挥同伴的力量，鼓励同伴间互帮互助。教师可以让做得好的幼儿展示自己，让还未做好的幼儿向他人学习，这样每个幼儿都能参与其中，学有所获。

3. 培养幼儿的主动性，引导他们自主思考解决问题。在日常生活中，教师要鼓励幼儿自己动手，享受独立解决问题的乐趣。在大部分幼儿都感兴趣的基础上，教师也可以开展相关教育活动，引导幼儿掌握拼魔球等解决问题的方法，学会自己探索。

（故事来源：中国人民解放军 63919 部队幼儿园　丁宁）

19. 老师，你看他！

最近，亮亮总是爱给小朋友“告状”，有时说“老师，你看他，没有擦嘴就去玩儿”，有时说“老师，你看他没有排队”。很小的一件事儿，在他的眼里都是大事儿。

有一天，年轻的王老师正在声情并茂地讲着故事，亮亮突然打断，并指着壮壮说：“老师，你看他！”这句话如同一记炸雷。王老师深吸了一口气，故作平静地点点头说：“亮亮，我看见了。我们继续听故事吧！”可亮亮却不肯放弃，提高了嗓门：“王老师，壮壮去积木区啦！”这时，全班孩子的视线都转向了积木区，七嘴八舌地议论起来，再也没有人想听故事了。王老师涨红了脸，一时不知该如何让孩子们的注意力都集中在听故事上。有经验的李老师见了，立马接了过来，组织孩子们围绕“小朋友在集体活动中玩积木怎么办”这一话题讨论起来，孩子们纷纷说出了自己的想法，王老师也向李老师投去了感激的目光。

爱告状的幼儿

中班幼儿对规则有一定的认识，但总体还是处于他律道德阶段，他们通过成人的约束来控制自己的行为，而不是出于自身对事件本身的认识。相比于观察自身，他们更容易看到他人行为是否符合要求。当他们发现同伴在做某件不符合教师要求的事情时，就会出现告状的情况。

可以看出，亮亮能够关注到他人的行为，能认识到一些行为是不符合要求的。但亮亮提出的时机并不合适，他的话打断了故事，将全班幼儿的注意力都转移到了壮壮的身上。如果老师能够继续以引人入胜的故事引起幼儿的注意，再由配班老师单独与亮亮和壮壮沟通，这样就能及时化解问题了。

当幼儿告状影响到教师组织的正常活动时，该如何处理呢？

1．保持冷静，化被动为主动。告状是幼儿园常见的行为。面对课堂突发的“告状”事件，教师不要害怕，可以趁机抓住教育契机，跟幼儿聊一聊，遇到破坏规则的幼儿应该怎么办。

2．引导幼儿区分应该或不应该“告状”的情境。尽管告状很常见，但是过多的告状行为容易占用教师大量的时间与精力。因此，教师应在日常生活中组织幼儿观看相关动画、绘本故事，让他们明白遇到问题时应该怎么办，以及什么情境下需要向老师告状、什么情境下可以自己解决，并帮助幼儿进一步学会解决问题的策略和方法，如友好相处、协商等。

（故事来源：军委机关事务管理总局红星幼儿园·太平路园 王炼）

老师，你看他！

20. 看！这是我做的

美工活动时，乐乐总是趴在桌子上，任凭老师怎么鼓励他，他都不动手。孙老师蹲在乐乐身边，鼓励他说："乐乐，今天得动手啊！你要相信自己。"只见乐乐一扭头，躺在了胳膊上。看到李老师走过来，孙老师对李老师说："这孩子一到美工活动就是不动手……""嘘！"李老师示意孙老师不要当着孩子面这样说。

乐乐手足无措地捏着纸，一不小心撕掉一块儿。李老师马上凑过去说："乐乐会撕纸，撕的纸形状很特别！就这样撕，粘在纸上看看能拼出什么？"一会儿，乐乐举着贴满纸片的画让李老师看。李老师眼中带着惊喜，说："哇，真好看！这两种蓝色都是什么？"他说："上面是天，下面是海。"李老师追问道："海里有什么？"乐乐没有说话。于是李老师拿起乐乐团的小纸球说："这张团好的纸能做什么呢？"过了一会儿，乐乐拿着自己的作品说："看，我用纸团做了三条鱼，其中还有一条飞鱼。"李老师竖起大拇指说："你的想法太巧妙了！"见状，乐乐特意跑到孙老师面前说："看！这是我做的。"

泛泛的鼓励不如一个具体的建议

当幼儿不愿意做某件事情时可能存在几种情况：他们对某件事情不感兴趣，或是幼儿缺乏自信，还有可能是不知道怎么做。针对不同的情况，教师要进行深入分析，给予幼儿不同方面的支持与帮助。面对怕动手、怕出错的幼儿，我们都知道要鼓励他们，帮助他们建立自信。然而，并不是所有的鼓励都能让孩子感受到自己的力量，泛泛的鼓励还不如一个具体的建议，能够真正帮助到孩子。

在乐乐不知道怎么去做美工时，孙老师这种“你要相信自己！你真棒”的鼓励方式让他依旧不想动手。李老师在肯定乐乐之余，给予他建议与思考。李老师帮助乐乐找到了思路与方法，一下调动了他的兴趣，创造性地制作出蓝天、海洋、小鱼等。随后李老师的欣赏与肯定让他感受到了认可，帮助他建立了信心。

班里总有一些幼儿不爱动手、怕独自创作，面对这样的幼儿怎么办呢？

1. 激发幼儿思考，形成自己的思路。有时候幼儿不动手不是因为没有兴趣，而是因为自己没有想好该怎么做、从哪里着手。教师要细致入微地观察幼儿行为背后的心理需求，帮助幼儿找到自己的方法与思路。

2. 鼓励幼儿行动，持续调动积极性。当幼儿有了自己的想法就是他们主动解决问题的第一步。这时教师不妨让幼儿采取行动尝试一下，并在过程中支持幼儿。如在幼儿愿意参与美工活动后，教师就可以趁机提问他们想要做什么，一步步引导。

3. 针对幼儿积极的行为和创作亮点，提供交流展示的机会。在活动结束后，教师可以邀请幼儿上台分享。教师应通过具体正向的鼓励，帮助幼儿体验成功的喜悦，幼儿成功的体验越多就会越有自信，最终形成自主学习的品质。

（故事来源：军委机关事务管理总局红星幼儿园·太平路园 邓晓宇）

21. 哎，全全

十一月中旬，刘老师休完产假回到了工作岗位上。幼儿园依旧是原来熟悉的样子，但是孩子们却是一张张全新的面孔。她希望快速地融入到孩子们中去，于是尽力抓住每一个可以与幼儿交流的机会，尽快记住他们的名字。区域游戏时，刘老师悄悄地走到一位小朋友身边，蹲下来轻声问："你叫什么名字？"

"我叫龚全全！老师，你好温柔啊，嘻嘻……"

户外玩游戏时，一个小朋友把球扔给了刘老师后，说："咱们一起玩传球游戏吧！"刘老师猛地接过球，看了一眼这个孩子，努力回想了一下，话到嘴边怎么也说不出来他的名字，于是问："哎呀！宝贝，你叫什么来着？"

"刘老师，你忘了？我叫龚全全。"

科学活动时，刘老师在向小朋友介绍了沉浮实验的材料后，问："你们觉得哪些物品会沉下去，哪些会浮在水面上？"看着龚全全把手举得直直的，刘老师朝他点点头，说："这位小朋友，龚——"刘老师发现自己结束产假回到岗位后，脑子不像以前那样灵光了，绞尽脑汁也想不起来这孩子名字后面的两个字了，只记得姓龚。

龚全全忍不住了，接着刘老师的话说："哎，全全！"

一句不耐烦的回答让刘老师脸上露出了惭愧的表情，刘老师诚恳地说："龚全全，谢谢你提醒我，相信我很快就会记住你的名字的！”刘老师伸出手。

“我相信你哦！”龚全全用力地和刘老师击掌。

尊重他，请记住他的名字

记住幼儿的名字能够拉近师幼距离，增进情感，是尊重幼儿最基本的方式。刘老师由于没有记住龚全全的名字，让他感到失落和无奈。通过随后的反思，刘老师意识到自己记忆力确实不如从前，并认识到需要尽快做出调整。刘老师肯定了龚全全的做法，感谢了他的提醒，并表示自己很快就会记住他的名字。这样一来，刘老师得到了龚全全的理解和信任。

马斯洛需求层次理论把人类的需求从低到高划分出五个层次，分别是：生理需求、安全需求、归属和爱的需求、尊重的需求和自我实现的需求。被尊重是人类共同较高层次的需求。所以尊重幼儿，请记住他们的名字。

面对不熟悉的幼儿，怎样能快速地记住他们的名字呢？

1. 提前记住幼儿的名字。在见到幼儿之前，准备好幼儿的照片和姓名，一对一地整理好，提前记住幼儿的名字和容貌。

2. 开展各种游戏，及时巩固。通过各种类型的点名游戏，帮助记忆与巩固幼儿的名字，例如《小朋友你在哪里？》《口形点名》《我喜欢的小动物》等。

3. 利用一些巧妙的方法记住幼儿的名字。例如，请幼儿说一说自己名字的来历，或者尝试记住幼儿的小名。

（故事来源：中国人民解放军国防大学幼儿园·红山园　刘飞）

附件：游戏玩法

1．小朋友你在哪里？

老师边弹琴边唱："某某某、某某某你在哪里？"幼儿唱着回答："我在这里，我在这里，我很好！"然后由这个小朋友开始唱，以此类推，一直询问到最后一位小朋友。

2．口形点名

老师或者幼儿说名字，但不发出声音，请幼儿仔细观察口形，猜测老师点的是谁。

3．我喜欢的小动物

老师或者幼儿说出姓名，请幼儿用自己喜欢动物的叫声来回答，如"我在这儿，汪汪……"

22. 苹果变形记

汪汪对吃水果很抵触，尤其是质地较硬的苹果。郭老师担心他长期不吃水果会营养不均衡，所以每天吃午点时都会鼓励他吃些水果，但是作用并不大。

近期，郭老师注意到汪汪特别喜欢消防车，通晓消防车的各类知识，总说自己是消防员，可以扑火救伤员。于是，当汪汪在分餐桌前徘徊时，她拿了切成小块儿的苹果放到了他面前，说："你试试，吃完咱们去灭火。"汪汪勉强咬了一小口，然后把剩下的悄悄倒进垃圾桶，并开心地说："我吃完啦！"郭老师没有说话，只是冲他摇摇头，示意这样不可以。

几天后，郭老师对小朋友们说："乐乐的苹果块儿变成了小月亮。哪个小朋友能把苹果块儿咬出消防车呢？"汪汪听后犹豫了一下，随后疾步走向餐桌，取走了自己的水果，小口开始尝试起来。郭老师蹲在他边上，引导怎么能咬出警灯，怎么能咬出轱辘。很快，汪汪眼中的消防车出现啦，他特别开心，郭老师也对他竖起了大拇指。

从兴趣出发，变"不喜欢"为"喜欢"

幼儿不爱吃水果的原因有很多，有的不喜欢水果的味道，有的不喜欢它的口感，有的不喜欢吃需要吐籽的水果，还有的是不喜欢吃完水果后小手黏黏的感觉。教师可以通过细致观察去发现原因出在哪里，并从幼儿感兴趣和喜欢的方面加以引导，帮助幼儿克服不喜欢某种水果的心理。

郭老师发现汪汪不喜欢吃水果的原因主要有两点：一方面是他咀嚼得比较慢，担心自己吃不完，尤其是质地较硬的水果；另一方面是他急着想去玩玩具。通过汪汪喜欢消防车的兴趣点，郭老师启发汪汪咬出消防车的样子，鼓励他吃水果。

面对不爱吃水果的小朋友，我们应该怎么办呢？

1. 了解幼儿不爱吃水果的原因。通过细致的观察，教师可以发现幼儿的喜好和性格特征，理解他们喜欢某种水果或者不喜欢某种水果的原因，从而选择适宜的方法加以引导。

2. 帮助幼儿认识吃水果的好处。教师可开展“多吃水果身体好”等集体活动，利用绘本、儿歌帮助他们了解水果的营养，知道吃水果对身体有益，从而愿意吃水果。

3. 从幼儿的兴趣出发，采取榜样示范或游戏的形式逐步引导。幼儿对于自己喜欢的事物有着浓厚的兴趣，借助兴趣让他们尝试自己曾经不喜欢的水果，能够降低他们的抵触情绪。如针对喜欢消防车的幼儿，教师可以鼓励他们吃完水果一起去灭火，或用“吃完就能像消防员叔叔一样强壮”等话语激励他们。

（故事来源：住房和城乡建设部幼儿园　郭松青）

哪个小朋友能把苹果
块儿咬成消防车的形状呢?

23. 会“变身”的牙膏

珊珊不喜欢刷牙，每到刷牙时间，她就在洗漱台前走来走去，趁老师不注意悄悄走开。

一天早饭后，刘老师轻轻地走到她身边，说：“珊珊，你知道吗，那个牙膏好神奇呀，它居然会变身！”珊珊听了立刻好奇地问：“真的吗？”“是呀！但是牙膏说了，它只给勇敢刷牙的小朋友变身哦！”珊珊马上说道：“我就是勇敢刷牙的小朋友呀！”刘老师只给珊珊挤了一点点牙膏。刚开始，珊珊还是会有点儿抵触，为了缓解她的抵触情绪，刘老师便鼓励她说：“牙膏已经开始变身啦，因为它看到珊珊已经勇敢地把它放在牙齿上啦！”当看到牙膏一点一点“变身”时，珊珊也慢慢放松下来，认真地看着镜子里的自己。泡沫溢出到嘴边时，珊珊马上瞪大了眼睛，惊喜地说：“刘老师你看，我像不像长了白胡子的老爷爷！”

接下来的一天、两天、三天……珊珊每天都会去刷牙，想象着牙膏“变身”成棉花糖、抹了满嘴的奶油……她沉浸在快乐的刷牙游戏中。

让刷牙变成一种游戏

有些幼儿对于刷牙这件事很抗拒，可能是因为牙膏的味道，也可能是因为刷牙的方法不对导致牙齿疼痛。刷牙是保护牙齿最重要的方法之一，把刷牙这件没有意思的事情转化成有趣的游戏，让幼儿逐渐接纳刷牙，这离不开教师的教育智慧。

刘老师没有强迫珊珊一定要刷牙，而是以游戏的方式让珊珊对牙膏会“变身”这件事产生好奇，并鼓励她做勇敢的小朋友。牙膏“变身”使刷牙成为了一件有趣且有成就感的事情，于是珊珊逐渐接受了使用牙膏来刷牙。

当孩子不喜欢刷牙时，应该怎么办呢？

1. 增加刷牙的游戏性和趣味性。教师可以游戏的方式让幼儿参与到“玩”的过程中，淡化对刷牙的注意力。比如教师可以让孩子把重点放在关注牙膏“变身”的过程上，从而帮助他们克服这种抵触的心理。

2. 采取“小步子”逐步适应的方式。教师可以循序渐进地提升要求，减少幼儿的不适应。一开始教师让幼儿刷牙时先不使用牙膏刷牙，接着牙膏的量可以从少量慢慢增至黄豆粒大小，刷牙时间由短到长。

3. 正向引导，不勉强孩子。当幼儿出现抵触情绪时，教师要第一时间给予鼓励，使其感受到自己的进步。教师也可以利用刷牙挑战卡的方式，设定不同阶段的奖励，鼓励幼儿，养成刷牙的习惯。

（故事来源：住房和城乡建设部幼儿园　刘文杰）

珊珊，你知道吗？牙膏宝宝会变身哦！
有的小朋友刷牙时牙膏变成了胡子，有的变成了云。
牙

24. 水壶男孩

户外活动时，一个挎着红色水壶的男孩在跳操，水壶随着身体左右晃动、摆来摆去。做操结束后，葛老师走过去问："涵涵，做操的时候你为什么要背着水壶呢？"他头也不回地喊了一句："我怕丢！"

"那你挎着它做操，打在腰上不疼吗？"

他马上回应"不疼"，说完便转身跑开了。

整个户外活动，他一直背着这个水壶参与游戏。就这样，持续了三天。到了第四天，葛老师惊奇地发现涵涵身上的水壶不见了，正想问他时，他快步跑到老师面前，小声地说："老师，告诉你个秘密，我把水壶藏在空调后面啦！"说完，涵涵蹦蹦跳跳地跑开了。

"奇怪"行为的背后

在幼儿园里，我们总能见到各种看似"奇怪"的小朋友，他们有的一直背着书包，有的抱着小毯子，还有的即使很热也戴着帽子。从动机理论的角度思考，幼儿行为背后具有一定的心理需求，原因往往是因为对环境的不适应，安全感不强等。遇到此类情况，教师不妨耐心观察，帮助幼儿建立安全感。

故事中，涵涵宁可背着水壶运动，也不愿放下来，因为他担心自己的水壶会丢，其实是寻求安全感的体现。当内心的安全感获得满足后，他自然也就不再为水壶会丢失而感到不安。

那么，教师该如何对待幼儿的“奇怪”行为呢？

1. 努力找出幼儿“奇怪”行为背后的原因。当幼儿出现“奇怪”的行为时，教师不要急着制止，而应认真观察他们，倾听他们的真实想法，看看他们是出于寻求关注的心理，还是由于缺乏安全感。

2. 根据具体原因采取不同的方法进行引导。针对缺乏安全感产生的行为，如抱毯子、背水壶等，教师可以给予幼儿一定的时间和关注，待幼儿熟悉环境和教师后，自然就会放下水壶和毯子。针对寻求关注产生的行为，教师应多给予幼儿关注、肯定和鼓励，让幼儿多承担班级任务，从中获得成就感和被重视感。

（故事来源：北京市海淀区北部新区实验幼儿园　葛富清）

第三章　情绪调节篇

成人用适宜的方式表达情绪，以平和的心态处理不愉快的事情，为幼儿作出榜样。选择能给幼儿带来情绪情感体验的故事、角色扮演活动等，引导幼儿恰当表达消极情绪，学习积极应对和化解的方法。

——《幼儿园入学准备教育指导要点》

（教育部，2021）

1. 我和蛋糕过生日

今天是妞妞的生日。一位身穿军装、手拿蛋糕的男子来到班级门口。妞妞骄傲地对她的朋友说："这是我爸爸！"齐老师问："您是来接妞妞的吧？"爸爸迟疑了一下："刚接到紧急任务……"听到这儿，妞妞捂住耳朵、眼含泪水喊道："我不听！我不听！"见状，齐老师把妞妞拉进怀里，扭头对妞妞爸爸说："您先去忙吧，我们大家一起陪着妞妞，给妞妞过生日！"下一秒，妞妞也抹掉眼泪，努力地挤出笑容，开始安慰爸爸："爸爸我没事儿，你去吧！我自己和蛋糕过生日！"

接下来，齐老师号召小朋友们发挥自己的聪明才智，为妞妞动手制作生日小礼物。大家围着妞妞一起唱生日歌、吃蛋糕、送礼物，妞妞非常开心，小脸蛋上也洋溢起灿烂的笑容。

第二天，齐老师和孩子们一起讨论"计划泡汤了，怎么办"。只见孩子们你一言、我一语，纷纷表达起自己的想法："换个计划就好了""可以等一等"，妞妞也大声说道："我知道！一个计划泡汤了，还会出现很多个计划！"

父母的承诺，幼儿的期待

大人常常会对幼儿许下承诺，这些承诺让他们满怀期待。但碍于工作等原因，大人有时很难履行承诺，这使得幼儿不得不做出很大的情绪调整。妞妞满怀喜悦地期待着和爸爸一起过生日，得知爸爸因工作原因不能兑现承诺时，她表现出极度的伤心和失望，但善解人意的她还是迅速调整了自己的情绪，理解了爸爸的为难。

齐老师关注到看上去平静的妞妞其实内心还是充满失落与伤心，于是和全班小朋友一起给妞妞过生日，妞妞很快就开心起来。不仅如此，齐老师还发挥教育智慧，抓住教育契机，组织幼儿们进行了关于“计划泡汤怎么办”的延伸活动。齐老师通过活动让幼儿们逐步转变观念，认识到计划泡汤有时候也是一件很正常的事情，也希望幼儿们能够通过这一活动学会从积极的角度看待“计划泡汤”这件事儿，做出积极调整。

当父母的承诺因工作原因没有如期实现，教师如何帮助幼儿调整情绪呢？

1. 帮助幼儿理解父母的职业。教师通过开展“家长进课堂”“职业大体验”等活动，使幼儿了解爸爸妈妈的职业特性，体验父母因工作原因导致突发状况不能履行承诺的情境，让幼儿意识到“爸爸妈妈不是不想，而是有事在忙”。

2. 开展活动，弥补幼儿期望落空的遗憾。如教师可组织集体生日会，一起唱生日歌，让幼儿感受有爱的班级氛围和同伴支持，减缓爸爸不能陪伴在身边过生日的心理落差。

3. 引导幼儿换个角度想一想。如教师可组织幼儿讨论“计划泡汤了怎么办”，引导他们发现，虽然和爸爸过生日的计划泡汤了，但可以和幼儿园里这么多老师、同伴一起过生日也很开心！

（故事来源：中国人民解放军国防大学幼儿园·红山园　齐自芹）

2. 风中的海棠

一个春天的早晨，孩子们正在户外晨练，清风吹过，海棠花瓣像雪花一样漫天飞舞。丁丁小心翼翼地扶住张老师的肩膀，认真告诉她：“你头发上有一个花瓣，有点儿脏。”张老师笑笑说：“没关系的，这是春天送给我的礼物！”丁丁的小手顿了顿后，也跟着笑了。

随后，他从地上拾起一片花瓣，轻轻地放在张老师的头发上。看到丁丁，其他孩子也相互模仿，不一会儿，张老师的头顶上就集满了花瓣。春风拂过，张老师站起身，甩了甩头发，花瓣立即散落开来。孩子们发出一阵欢呼，兴奋地在风中追逐。丁丁和小朋友跑到张老师身边，问：“你为什么不嫌花瓣脏，还总那么开心？”张老师搂住他们说：“因为我总是把事情往美好的方向去想……”丁丁仿佛明白了什么，用手戳了戳张老师脸上的酒窝，说：“嗯，我也要像你一样！”孩子们看到这一幕，也一起大声重复着说：“我们也要像你一样！”

积极认知身边的小美好

情绪可以通过人与人之间的交互进行传递。从他人积极正向的情绪中，我们可以感受到归属、尊重与幸福；从他人消极负向的情绪中，我们同样也会感受到失落、沮丧和悲伤。作为幼儿园教师，我们要能够调动自己的正向情绪，营造积极、轻松、愉快的班级氛围，帮助幼儿形成对待事物的积极态度。

看到春天的美好景象，张老师用心享受，用积极正向的情绪影响着幼儿们。幼儿们感受到张老师的快乐，希望自己成为像她一样“总把事情往好处想”的人。积极的情绪在教师和幼儿们之间传递，形成了良好的班级氛围，教师和幼儿的身心都得到了滋养。

如何将积极正向的态度传递给幼儿呢？

1. 用心发现生活中的小美好。一朵花、一只鸟、一本好书，这些看似微小的事物，其实都蕴含着美好的价值。教师可以通过主动发现这些生活中的“微光”，让孩子感受到自己的正能量，让他们在耳濡目染中，变成一个善于发现美好的人。

2. 主动构建有力的师幼互动。埃米·L. 多姆布罗等人著的《有力的师幼互动——促进幼儿学习的策略》一书中提及“到场—与幼儿建立联系—拓展幼儿的学习”三步骤，教师通过一系列的策略与幼儿进行高质量互动，对他们进行正向引导。如教师首先到场静下心来认真感受；接着在幼儿捡起花与老师游戏时，师幼共同关注海棠花建立起联系；最后教师与幼儿围绕“海棠花”进行深度对话，进一步拓展他们用积极态度认知事物的能力。

（故事来源：中国人民解放军火箭军机关幼儿园　张宁）

没关系，这是春天送给我的礼物。

3. 心情不好的林老师

徐老师正在办公室备课，林老师皱着眉头走了进来，看起来非常烦躁。林老师在办公室走来走去，取放物品的声音也特别大。徐老师当时满脑子在想课程的准备，没多想便脱口而出："林老师，你可以小声点儿吗？"结果没想到，林老师转头冲徐老师嚷嚷："还轮不到你来管我！"徐老师听到这话瞬间瞪大了眼睛，向着林老师的方向走了过去。眼看二人就要争吵起来，一旁的张老师赶快跑过来站在徐老师面前："别着急，别着急！林老师怎么了？遇到什么事了吗？"看着眼前气势汹汹的徐老师，又看看站在徐老师面前的张老师，林老师忽然意识到刚才所作所为的不当，她没说话，低下了头。张老师温柔地抚摸着林老师的头发，说："和我说说，看看我能不能帮上忙？"听到这儿，林老师红着脸，抹了一把眼泪说："我刚刚把下周要上的公开课的教案交给主任，主任说没体现出水平，还批评了我一顿。实在是对不起，我把坏情绪带给了你们。"徐老师听到这儿，眼神瞬间变温柔了，拉着林老师的手说："也怪我，只专注地备课，没感觉到你的情绪。公开课的教案慢慢磨，肯定能出来个好的！"张老师也微笑着说："对呀！别着急，多想想，肯定能想出来的。"林老师听了两位老师的话，坚定地点了点头，充满了信心。

别陷入情绪旋涡

心理学家发现，情绪会互相感染、相互催化、互相激化，并且这种情绪传染的力量极其强大。当事人常常身不由己地卷入他人情绪，也莫名变得情绪化，工作状态失控，还会为人与人之间的隔阂和矛盾埋下隐患。这种造成接二连三情绪问题的效应叫作情绪旋涡。恰当地应对他人的情绪问题不仅考验老师们的职业素养，也考验老师们的人际交往能力。

林老师由于公开课的教案被批评产生了负面情绪，而徐老师很“无辜”地被林老师的情绪波及到了，不仅手头工作被打断，还差点儿和林老师产生口角。还是张老师富有经验，分析了林老师的行为，她不仅保持自己的冷静，还安慰了同事的情绪，更融洽了彼此的关系。

我们应该如何走出情绪旋涡，不被他人的情绪旋涡所影响呢？

1. 找到快乐的方式，正确疏导负面情绪。当我们感受到自己已经开始产生负面情绪的时候，可以允许自己短暂的不开心，接纳它。但是我们要很快找到能够让自己快乐的办法，例如：把导致自己产生负面情绪的事情写在纸上，撕碎，冲进厕所里；听一些动感的音乐，跟随音乐随意地摆动身体；逛逛街；泡个舒服的热水澡。快速地疏解负面情绪，让自己不陷入情绪旋涡中。

2. 善于观察，暖心安慰。作为同事、朋友，我们应该善于观察身边人的情绪状态，当察觉到他人的情绪不佳时，我们不要硬碰硬，更不要被他的情绪影响。这时，我们可以给他一个温暖的拥抱，耐心地询问他的烦恼，尽自己所能帮他找到解决问题的方法。不但能缓解他的坏情绪，也更促进了两人的情感联系。

（故事来源：首都师范大学 董朔汐）

4. 开学第一周

“开学第一周实在是太累了！不仅要把孩子们在园的一日生活安排好，还要回复大量的家长信息，还有各种文字材料、环境创设。我感觉骨头都要散架了，好不容易到周五了，我现在脑瓜子嗡嗡的！”橘子老师一放学就冲好朋友兼同事的瑶瑶老师吐槽起来。瑶瑶老师点点头，说：“我也是！这一个星期的工作量相当惊人。咱们老师们可真拼，各个小宇宙爆发。各班都有各种新点子，太卷啦！”两位老师垂头丧气地往园外走，忽然瑶瑶老师停下脚步，说：“战神也得放松放松，劳逸结合才能保持战斗力！我最近报了个健身班，那里的老师说冥想最有利于放空大脑、恢复精神了。今天正好有冥想课程，我之前练了两次感觉非常不错，你跟我一起去体验一下呗！”正想找个活动放松一下紧绷神经的橘子老师眼睛一亮，拉着瑶瑶老师的手说：“好呀！快走吧！我现在恨不得马上跳到瑜伽老师面前感受放松大法。”

和压力共处

现代人都需要与压力共处。生活不能没有压力，有时候压力就是动力。著名的“耶克斯–多德森定律”告诉我们，中等强度的压力能够让我们有最佳的表现。人无压力轻飘飘，而压力太大，就需要我们觉察压力并且学会缓解压力，否则就会给我们的健康和生活带来消极影响。

开学第一周，猛增的工作量给橘子老师和瑶瑶老师带来了压力，在互相宣泄来释放压力的同时，两位老师还想到了借助瑜伽的方法来缓解压力。只有学会释放压力，我们才能勇敢地面对压力、缓解压力。

我们应该如何缓解压力呢？

1. 消除压力源，计划工作。当压力来临时，最直接的方式就是找到压力源，然后尽可能地消除它。对于工作所带来的压力，我们可以合理地安排工作顺序，重要的工作先做，次要的工作后做，形成工作计划表。

2. 找对方法，合理宣泄。面对压力时，我们可以有目标地培养自己的兴趣爱好，当我们沉浸在自己喜欢的事情中时，就可以转移注意力，更容易从压力情境中走出来。我们也可以进行放松训练的学习，比如做深呼吸，让身体注入更多氧气，从而让精力更加旺盛；适量的运动，游泳、散步、瑜伽等慢运动都能让我们的身体更加放松；做简单的自我按摩，按一按太阳穴、捏捏后颈部等，身体放松了，精神也就放松了。找到适合自己的方式，我们就能更有效地面对压力了。

（故事来源：首都师范大学　于娅）

老师好！
同学们好！

5. 寻找幸福

马上要迎接视导工作了，班里的工作格外多，加上最近两天阴雨连绵，崔老师一直开心不起来。这天早上在做班级准备工作时，忍不住抱怨：“唉，生活幸福感真是太低了。”同班的琦琦老师听见了，笑着说：“生活中幸福的事儿可多了！你多留意，就能发现幸福。如果你今天能找到十件幸福的事情，我就送给你一份礼物。”崔老师撇撇嘴，有些不相信，但还是忍不住慢慢地开始寻找和记录生活中幸福的事情。早上孩子家长的一句赞美、园长欣赏的眼神、园里可爱的小白兔、孩子们很配合的一堂活动课……“没想到幸福的事情那么多。”随着崔老师发现身边幸福的事儿越多，心情也越来越好了。没想到，下午快放学的时候，班里有一个孩子突然大声地说：“崔老师生日快乐！”忙碌于工作的崔老师连自己的生日都忘了，孩子们跑过来一个接一个地拥抱崔老师，让她这一天的幸福值达到了顶峰。下班的时候，崔老师笑着对琦琦老师说：“原来真的有这么多幸福的事儿，不过有些遗憾的是我今天只找到了九个幸福。”琦琦老师看着崔老师，从身后拿出一个漂亮的头饰说：“我帮你凑齐今天的第十个幸福，崔老师，生日快乐！”崔老师看看琦琦老师，又看看琦琦老师手中的头饰，开心得不能自已。

幸福的能力

幸福不仅是一种感受，更是一种能力。不论身处什么样的环境，有些人总是会有更多的幸福感。当人们成为能够自己找到幸福的人，他就如同是能够进行光合作用的植物，可以拥有更多的生命活力。

琦琦老师发现同班崔老师近期闷闷不乐，用游戏的方法让崔老师在一日之内发现身边的幸福。崔老师在关注了身边的每一件小事儿后发现了一件又一件能带来满足的事情。最后，崔老师被孩子们记得自己的生日以及琦琦老师的发饰礼物等事件所感染，将一天的幸福感推向了高潮。其实仔细想想，我们每个人都是这样被幸福包围的。

怎样才能体会到生活中的幸福呢？

1. 用幼儿的视角感知世界，感受生活中的小温暖。我们每天和幼儿们在一起，会发现他们总能发现我们所不会关注的事情，而这些细节往往会给我们带来意想不到的满足感。例如：楼下菜园的菜今天结果了；今天的阳光映照在树叶上折射出来的光很好看；猛地一抬头，正好一架飞机从头顶飞过。学会欣赏身边“美”的事物和“美”的人，才能让更多的幸福充斥自己的生活。

2. 幸福体验不仅可以被动享受，还可以主动追求。想要体验幸福催化剂效应带来的幸福感和快乐，我们可以以周为单位列一张幸福催化剂清单，然后按照上面的计划去做。它可以包括一些日常的安排：例如和家人朋友相聚、阅读等一些有新鲜感、可能改变生活的活动，这些事情都可以成为你改变平淡生活的动力。

（故事来源：首都师范大学　于娅）

6. 来园我不哭

开学第一天，“救命啊！我的天呀！”伴随着响亮的喊叫声，爷爷毫不犹豫地把在怀里挣扎的硕硕推到谢老师怀里。谢老师接过硕硕，耐心地安慰：“硕硕，小朋友很想和你一起玩，咱们一起进去吧！”

两个月后的一天，硕硕高兴地投入谢老师的怀里说：“今天是我的生日，爷爷说今天我不哭的话，您就会送我一个大蛋糕。”谢老师笑了笑说：“对呀，送你一个神奇蛋糕，它会让硕硕更勇敢哦！”

区域活动的时候，小朋友一起用彩泥制作了一个大大的蛋糕，送给硕硕。然后每个人送给硕硕一句祝福的话，有小朋友说“希望硕硕早晨不哭”，还有的小朋友说“我希望硕硕更加勇敢”……硕硕非常感动，一整天都很开心。第二天，硕硕牵着爷爷的手，走到了园门口，硕硕没有哭！以后硕硕来园也都不哭了。

用理解与关爱化解入园焦虑

幼儿入园焦虑指幼儿与主要抚养者分离时所产生的悲伤、烦恼、紧张、焦虑和恐慌的情绪体验。在幼儿入园初期，出现这种情况是很常见的。它会随着孩子对幼儿园环境的逐渐适应而消退。

面对硕硕的分离焦虑，谢老师做到了理解与接纳。

借助硕硕过生日这一契机，谢老师组织全班幼儿送出祝福，使硕硕感受到了集体的温暖。从此以后硕硕再也没有因为上幼儿园而哭了。

面对分离焦虑比较严重的幼儿，我们应该怎样做呢？

1. 创设温暖的班级氛围，使幼儿尽快熟悉环境。教师在创设班级环境时，可使用暖色调，从视觉上给予幼儿温暖的感觉，多提供质地柔软的材料，给予幼儿舒适感。教师为幼儿创设情绪小屋，允许幼儿在情绪小屋里释放自己、平息情绪，等等。

2. 教师在开学前充分与家长进行沟通，了解个别幼儿对依恋物的需求，允许他们携带依恋物，缓解分离焦虑。针对有需要的幼儿，教师可允许他们在刚入园时携带一件自己的小毯子、玩偶来园，以帮助他们更好地进行入园适应。

3. 帮助幼儿与教师、同伴建立联系。教师通过开展有趣的游戏和活动，能有效增加师幼之间、幼儿之间的互动，让幼儿感受到集体生活的快乐，从而形成集体的归属感。

（故事来源：北京市海淀区四季青镇常青幼儿园　范艳洁）

小
(二)
班
救命啊!
我的天呀!

7. 我想和妈妈睡

这几天可可像是变了一个人，总爱噘着小嘴，稍有一点不如意，就和小朋友发生争执。在一次区域游戏中，许老师见可可一个人坐在窗边发呆，于是轻轻地走过来，问：

"怎么了，可可？为什么一个人坐在这里呀？"

"我想妈妈了……"

"妈妈不是每天都接送你吗？"

"妈妈不让我跟她睡觉，但弟弟却可以！"

许老师蹲下身，给了可可一个大大的拥抱。晚上，许老师拨通了可可妈妈的电话，将可可的情况告诉了她，并建议妈妈近期多关心可可，找一些机会单独陪伴她。第二天，许老师以此为契机，开展了"我家有弟弟妹妹"的活动，让孩子们表达出当哥哥姐姐的心情和体会，画出图画，回家讲给爸爸妈妈听。

通过一段时间家园共育的努力，可可慢慢地又变得活泼开朗起来。

大宝的烦恼

随着国家人口政策的调整，多子女家庭越来越普遍。弟弟妹妹来了以后，受父母情感分配等因素影响，大宝的情绪、行为会发生一定变化。心理学上有个词叫"同胞竞争"，即孩子们都想获得父母更多的爱，因此同胞兄弟姐妹间会出现排斥行为。这一时期，大宝同二宝一样需要得到父母的特别关注。

许老师不仅细致地观察到幼儿的变化，还及时与家长沟通了幼儿在园情况，并结合心理学、教育学等知识给予家长专业建议。同时，对于大宝，教师也给予了正面引导，在活动中让大宝充分体验弟弟妹妹来了以后，爸爸妈妈虽然陪伴他们的时间少了，但是对他们的爱一点儿都没有减少。同时让他们在活动中感受父母的良苦用心，体验成为姐姐的成就感，逐步适应有弟弟妹妹的新家庭生活。

面对大宝的烦恼，教师该怎样引导呢？

1. 引导幼儿正确认识新角色，感受弟弟妹妹来了的变化。如教师可开展“我家有弟弟（妹妹）”“我做哥哥（姐姐）了”等活动，或组织角色扮演类游戏，鼓励幼儿在角色中体会自己心情和身体的变化，提升他们作为哥哥或姐姐的角色认知，感受当哥哥姐姐的快乐和成就感。

2. 架起有效的家园共育桥梁。教师可以向家长提供具体关注大宝的方法，如妈妈可以先陪大宝睡，大宝睡着后再去陪二宝，同时向他（她）解释需要陪伴二宝以及不能和他（她）一起睡的原因。此外，教师也应主动与家长沟通，请家长多多反馈幼儿在家与弟弟妹妹相处的情况，以便在园开展更具针对性的活动。

（故事来源：中国人民解放军火箭军机关幼儿园　许娟）

妈妈不让
我跟她睡觉！
你会压
到二宝的，
你还是自己
睡吧。

8. 再见，奶瓶和小被子

小班入园最初的几天，廷廷在园里既不玩玩具，也不和小朋友、老师互动，只是一个人趴在角落大哭，手上时刻拿着从家里带来的奶瓶和小被子。王老师安慰廷廷道："我们一起来做游戏好吗？我有一个好听的故事，你想听吗？我有好吃的想和你分享……"无论老师做什么，廷廷都无动于衷，依然抱着奶瓶和被子继续哭，王老师感到有些失落。一天、两天、三天……渐渐地，王老师欣喜地发现廷廷的变化，他的哭声开始变小，哭闹的间隔时间也在变长。一次活动时，王老师为孩子们讲有趣的故事，讲着讲着，教室里的哭声停止了，不远处有个小小的身影在关注着他，当廷廷发现老师正在注视他时，便转过脸去接着哭。

这天，廷廷依旧拿着他的奶瓶和小被子来到幼儿园，王老师对廷廷说："我们把小奶瓶和被子先放到柜子里，午睡时再拿出来可以吗？"廷廷点点头。又过了一段时间，廷廷就不再需要带着奶瓶和小被子来幼儿园了。

建立安全感，摆脱依恋物

依恋物是幼儿从"完全依恋"走向"完全独立"的过渡物品，又称"安抚物品"。它通常能够给孩子提供心理安慰、缓解分离焦虑，是孩子成长有益的“伙伴”。入园初期，幼儿面对陌生的环境会缺乏安全感，产生分离焦虑，有些幼儿会将对家人的依恋转移到婴儿时期的玩具、手绢、被子上。

廷廷来到幼儿园，由于分离焦虑始终不肯与自己的依恋物分离，且不参与任何集体活动，王老师尝试引导却没有明显效果。王老师一直在观察廷廷，看到他明显的进步之后，尝试让他将依恋物暂时存放在柜子中，最后建议幼儿不带依恋物来园。廷廷的转变在老师循序渐进的引导下发生了。

如何帮助幼儿逐步摆脱依恋物，尽快适应幼儿园的生活呢？

1. 理解并接纳幼儿拿依恋物来园的行为。需要依恋物是幼儿成长过程中的正常行为，是孩子缓解不安情绪的一种表达方式，安抚奶嘴、长期使用的毛毯或被单等都有可能成为幼儿依恋的物品。教师应该正确看待幼儿这一行为，不要强行制止。

2. 给予幼儿充分的时间与空间，逐渐减轻他们对依恋物的依恋程度。教师可以通过开展丰富的活动吸引幼儿，帮助幼儿将注意力从依恋物转移到有趣的活动中，如阅读活动、音乐活动等，在互动的过程中增强教师与幼儿、幼儿与幼儿之间的情感联结，帮助幼儿逐渐适应幼儿园的生活。

3. 及时肯定幼儿摆脱依恋物的阶段性成长。当看到幼儿能将依恋物暂时存放在柜子中时，教师应立即给予言语鼓励或眼神肯定，以正向激励他们。

（故事来源：北京市海淀区北部新区实验幼儿园　王月颖）

9. 关注自己，不再嫉妒

每年4月份，幼儿园都会举办春季运动会。今年运动会的筹备工作开始了，年级组长照例先征集各班运动技能展示项目。问到大三班时，田老师不满地倾诉："大一班的王老师没跟我们商量，上学期就带着他们班孩子练习跳绳了，他们班肯定展示花样跳绳。我们现在练什么也没他们班精彩呀。"听了田老师的话，年级组长张老师说："运动技能展示项目可是咱们幼儿园运动会的固定项目，王老师提前做计划是好事儿，省得临时抱佛脚，咱们应该向她学习。现在与其看他们班眼红，不如想想有什么可以展示的技能。你们班孩子拍球不是非常好吗，可以展示拍球呀！"田老师听了张老师的话，进行了反思，并为自己嫉妒王老师的行为感到羞愧。很快地，田老师和班里老师一起沟通、讨论，决定发挥自己班级的优势项目，把花样拍球和啦啦操进行整合。在运动会上，大三班孩子们一边拍球，一边喊口号，将拍球的花样技能和音乐的动感展现得淋漓尽致，受到了大家的一致好评。

正确看待嫉妒

嫉妒是一种很正常的心理反应，当看到他人比自己优秀时，就会自然地产生嫉妒之心。嫉妒，本无对错，关键是要正确地看待它。当意识到自己对他人有嫉妒的情绪时，可将其变为自我提高的动力，虚心向优秀的人学习，成为更好的自己。

田老师起初没有处理好嫉妒之心，产生了对运动会技能展示活动的抵触情绪。在张老师的建议下，田老师意识到自己的想法并不合适，经过反思与调整，她带领大三班的孩子们展示了创新的花样拍球啦啦操，赢得大家的好评。

怎样避免嫉妒对我们产生的负面影响呢？

1. 善于变嫉妒为激励。在工作生活中，嫉妒心理的产生是很正常的，我们应该正视它，而不是沉溺于嫉妒进而做出损人不利己的事情。我们应该积极地把嫉妒变成激励自己的行动力，让自己取得更大的进步。

2. 少嫉妒，多赞美。嫉妒会给自己带来负面情绪，我们应该形成豁达的人生态度，多关注他人的优点，赞美他人，从而产生积极的情感。在赞美他人的同时，也会收获对方积极的反馈，从而让自身的压力得到释放。

（故事来源：北京市海淀区人民政府机关幼儿园　李杰晶）

10. 当幼儿园老师成为青春期孩子的妈妈

李老师是一位幼儿园老师，在班里面对孩子们出现的各种各样的状况，她都很有办法，可是回到家中，女儿最近的状态却令李老师有些放心不下。女儿茗茗今年上初三了，之前的她一放学就变身“小喇叭”和妈妈分享学校发生的趣事。可是，最近女儿每天回家便关上门，不愿意和她聊天了。这可把李老师急坏了，心想：“我得想想办法，这样下去可不行。”

一天自习课上，班主任王老师把茗茗叫到办公室，问：“你是不是有不开心的事情瞒着妈妈？”茗茗意识到是妈妈打的小报告。回到班里，几个要好的同学都收到同一位好友的申请，备注都是“茗茗妈妈”。茗茗觉得既委屈又愤怒，回到家，她哭着对妈妈说：“您有话为什么不能直说？非要找到我的班主任和好朋友？”

“你最近总把自己关在房间里，也不和妈妈分享学校的事情了，”李老师解释道：“平时妈妈在园里当老师工作很忙，在家也没有时间跟宝贝聊天，我很担心你。”

“我已经不是小孩儿了，难道还要每天跟妈妈汇报吗？我需要有自己的空间。”

李老师听完茗茗的话颇受触动，心想：虽然我在园里面对幼儿们还算游刃有余，但是在家中，如何做好一个青春期女孩的妈妈仍然是需要我学习和思考的啊！想到这儿，李老师不由得上前一把把女儿搂在怀里，说："我的宝贝长大了，可妈妈还停留在原地。从今以后，妈妈要和你一起成长！"茗茗伸出小手指，妈妈也伸出了小手指，两人异口同声说："一百年不许变！"

理解青春期的孩子，跟上他们成长的节奏

随着年龄的增长，青春期的孩子在心理、生理方面都有了飞速的发展，达到了接近成人的水平。他们渴望拥有独立的空间和自主决策的权利，也渴望在遇到困难时得到父母的支持。此阶段的孩子易出现烦恼、孤独、压抑等消极情绪，常出现"一言不合就闹翻"的现象。如果处于青春期的孩子长时间不被家长理解，或家长对子女的事情过多干涉时，亲子关系就会逐渐疏远。

李老师是一位有经验的幼儿教师，但成为青春期少女的妈妈还是第一次。因此当女儿不再愿意和她分享学校里发生的小故事时李老师感到焦虑不安，于是背着女儿向老师和同学打探她的状况。这让茗茗感到愤怒和委屈。经过母女二人的深入沟通，李老师决定要做出改变，跟上孩子成长的节奏。

怎样和青春期的孩子共处呢？

1. 给予孩子一定的空间，保持适当的距离。在他们想要独处的时候，家长要给予适当空间；在他们有需要的时候，给予支持和陪伴。

2. 欣赏孩子，倾听孩子。青春期的孩子有自己独特的想法，喜欢尝试新奇事物，希望得到他人的肯定。作为家长的我们要以欣赏的眼光看待他们，倾听他们的想法，尊重他们的意见，肯定他们的做法，让他们感受到自己的独特与重要。

3. 尊重孩子的决定。家长可以和孩子一起讨论人生理想、学业目标、择友标准、偶像崇拜等话题，鼓励孩子做好人生规划，成为最好的自己。

（故事来源：国家机关事务管理局花园村幼儿园　张亦琳）

11. 泪水之后的反思

这天，为了争第一名，一个小朋友把另外一个小朋友抓伤了。接园时，丽丽老师和抓人的小朋友的家长沟通，家长却说：“孩子在你手里出的事，主要是因为你没管好孩子。”回到班里，她忍不住泪水，委屈地哭了。

下班回到家，丽丽老师和家人聊到了这件事。爸爸听到后，生气地说：“这种孩子就不应该来幼儿园，你跟园长说让他退园！”妈妈也安慰她：“遇到这样的家长，你就让这孩子离别人远一点，自己待着，只要别磕碰就行了。”

虽然丽丽老师有些委屈，但也很快冷静了下来，对爸爸妈妈说：“就算家长对我的工作不理解，也不会影响我对这个孩子的态度。唉，可能今天跟家长沟通这件事的时候，我光顾着说孩子犯的错，可能让家长下不来台了。要是先说说孩子近期的进步，再说这件事就好了。”爸爸听了给她竖起了大拇指，妈妈说：“丽丽真是了不起，不愧是为人师表的好老师！”

反思让自己成长

在工作与生活中，我们难免有些事因为考虑不周全、处理不到位，而遭到别人的质疑、否定与批评。这时，人们常常会自动开启“防御系统”，忽视自身存在的问题。曾子曰“吾日三省吾身”，反思具有强大的能量，能帮助人们认识到自身的不足。教师通过及时调整和改进策略，不但能有利于事件的推进，还能促进自己成长。

丽丽秉持对待幼儿公平公正的原则，在发生抓人事件后，及时和抓人的幼儿家长沟通，却受到了家长的指责。她虽然觉得很委屈，但很快清醒地认识到自己的问题，反思自己在沟通中存在的不妥之处。

当自己被家长误解或指责时，我们该怎么办呢？

1. 理解自己的委屈，向亲人倾诉。当被家长误解或指责时，教师的内心一定非常委屈。此时，教师要理解和接纳自己的情绪，告诉自己“我真是很委屈”，也可以寻找倾诉对象，向他们说出自己的内心感受，缓解自己的委屈情绪。

2. 及时思考家长的需求。回顾事件发生的经过，教师要站在家长的立场上考虑问题，努力寻找到适于解决家园共育问题的方案。

3. 调整沟通方式，先肯定幼儿，再指出问题。在幼儿伤人后，如果我们直接指出幼儿的错误，家长便会误以为教师在指责家长没有把幼儿教育好。这种情况下，我们可以先肯定幼儿表现优异或者进步之处，再提出问题行为。教师还可以向家长提供有价值的建议，家园合作共同帮助幼儿改掉坏习惯。

（故事来源：北京市海淀区京童未来幼儿园　李蕊）

孩子在你手里出的事儿，你找我也没用，那是你没管住。

12. 微笑面对，友善沟通

晚上孩子离园后，小立老师气冲冲地找到保教主任说：“我不想做家长工作了！”看着满脸怒气的小立老师，主任轻拍她的肩膀说：“先别着急，说说发生什么事情了？”小立老师说：“离园的时候，球球姥姥质问我球球的外套怎么没有穿，可是我早上接孩子的时候就没有看到外套，我耐心地跟她解释，她就是听不进去，拽着孩子就往外走，临走还说连件衣服都记不住，一点儿都不负责！”说着，小立老师的眼睛红了起来。主任轻声说：“你能控制住自己的情绪耐心解答是好的，但是家园沟通中我们也要站在家长的角度考虑问题，球球姥姥的态度确实有些不好，但是现在早晚天气凉，她肯定是怕孩子着凉生病才非常关注孩子外套的。你稍微平复一下情绪，回班确认一下衣服是否在班里，如果没有，要给球球姥姥打个电话说明情况，让姥姥在家里再找找。”小立老师听了主任的话，点了点头，抹掉眼中的泪水，回班了。

第二天上午，小立老师蹦蹦跳跳地找到主任，笑着说：“主任，昨天晚上我给球球姥姥打电话沟通的时候，球球姥姥第一时间跟我道了歉，说早上送完孩子着急去买菜，就把孩子的衣服塞到了她挎包的侧兜里，晚上回家了才看到。幸好我晚上打了这个电话，误会很快就消除啦！

原来做家园工作也没那么困难呀！”主任看到两天之内变化如此大的小立老师，欣慰地笑了。

相互理解，保持友善沟通

家园共育是幼儿园工作的重点之一，其中有效沟通是基础。在实际工作中，家长和教师因为立场不同，往往会出现各种各样的问题。如果双方在正向的情绪影响下，很容易建立良好的沟通渠道，但如果是负向情绪，就会导致沟通出现障碍，从而产生家园矛盾。教师只有充分理解，采取友善的态度才能促进积极的双向互动。

故事中的小立老师与球球姥姥在第一次沟通时产生了负向情绪，内心充满了愤怒与委屈。通过主任耐心开导，小立老师懂得接纳自己的负向情绪，并及时调整了自己的情绪，用正向的情绪主动与球球姥姥沟通，为后期工作顺利开展奠定了基础。在保教主任的帮助下，小立老师和球球姥姥达成了有效的沟通，也由此学会了积极解决家园矛盾的方法。

当家园沟通不畅导致负向情绪时，教师该怎么办呢？

1. 接纳自己，及时调整情绪。教师应正视自己在与家长沟通时产生的负面情绪。当意识到自己对家长的态度不合时宜时，可以先停下来认真倾听家长的倾诉，做一做深呼吸，或者求助身旁的同事。教师要及时调整自己的情绪，避免因为一时的愤怒与激动造成言语上的过失而产生更多的家园矛盾。

2. 以平和与友善的态度与家长沟通，争取家长的理解。针对暂时解决不了的问题，教师可以先缓和一下，安抚家长的同时，说明自己需要了解一下情况，待了解情况后，再次沟通。

3. 向园领导或者有经验的教师请教。教师要相信园领导与老教师始终是自己工作道路上有力的靠山，当不知如何解决棘手的问题时，要发挥“我们一起”的力量，有经验的教师往往可以帮助我们分析问题，提供更加适宜的方法来解决问题。

（故事来源：北京市海淀区北部新区实验幼儿园·凯盛园 秦韵）

第四章　人际和谐篇

幼儿园教师应具备沟通与合作的能力：善于倾听，和蔼可亲，与幼儿进行有效沟通；与同事合作交流，分享经验和资源，共同发展；与家长进行有效沟通合作，共同促进幼儿发展。

——《幼儿园教师专业标准（试行）》

（教育部，2012）

1. 突如其来的临时加班

中午班长会后，黄老师急匆匆地跑回班对另外两位老师说："明天有其他园的老师来咱们园参观学习，但是咱们班负责的公共区域环境创设（简称"环创"）刚做了一半，今天大家得留下来加班了！"配班高老师和保育员李老师听后，坐直了身子，瞪大眼睛说："啊？你发给我们的工作计划表中'环创'不是在下周之前完成就行了吗？"说着高老师起身走向办公桌旁的班级工作计划表。黄老师挠挠头，说："是啊，我也不知道会有其他老师来参观，所以把完成这项工作的时间拉长了，但是为了不影响明天的开放，咱们还是得加班，今天必须完成任务。"听到这儿，高老师皱着眉头说："可是我今天跟男朋友约好要去看电影，我可没时间加班！"李老师看到这个情况，急忙说："你有事就去忙吧，我做'环创'可能差点，但是可以给黄老师打打下手。"

下班时间到了，高老师收拾东西准备去约会，但是回头看到班级里忙碌的黄老师和李老师，想到之前工作遇到问题时另外两位老师总是不由分说地帮助自己，又想到如果幼儿园因为自己班没有按时完成"环创"而造成不良影响，高老师还是拨通了男朋友的电话，推掉约会投身到工作中。经过一晚上的努力，她们按时完成了班级环境的创设，幼儿园的对外开放活动如期进行。

开放活动结束后，黄老师主动找到高老师，对高老师说：“实在抱歉，因为我把班级工作安排得过于拖沓，影响你和男朋友的约会了。改天我请你和你的男朋友一起吃顿饭，向他道个歉，也要感谢他能理解、支持班里的工作！”高老师笑了笑，拍了拍黄老师的肩膀说：“黄老师，这就见外啦！我们不都是为了班级好、幼儿园好嘛！”两位老师相视而笑，挽着胳膊向班里走去。

计划在前，心中有数

一份完善、翔实的计划是做好工作的基础。班长作为班级工作的组织者和引导者，应该将班级中的工作提前做好计划，紧凑安排工作，明确时间节点、工作目标与任务，让每个人都做到心中有数。

故事中的黄老师因为将班级工作安排得过于拖沓，面对突如其来的参观不得不通知老师临时加班，与班级教师产生了矛盾。高老师想到平时和黄老师之间一起互相帮助、欢乐相处的场景，为了班级荣誉和园所荣誉推掉了原本计划好的个人事情，没有影响园所的对外形象。班长黄老师对这次矛盾进行了反思，在这之后她把班级工作布置得更加细致，时间安排上也更加紧凑，突如其来的临时加班情况就越来越少了。

作为班长，怎样才能避免临时加班引起同组老师的不愉快呢？

1. 建立情感基础，增强班级凝聚力。班长老师要在日常的工作中关心关爱每一名班级成员，了解每位教师的生活、工作情况，有困难及时帮助，从而形成良好的班级凝聚力，形成深厚的感情基础。在这种情况下，班级遇到突发状况，班级成员才能拧成一股绳，共同攻克难关。

2. 荣辱与共，建立园所集体荣誉感。班长是协调班级和园所工作的重要纽带，只有班长有强烈的园所荣誉感，才能给班组成员树立正向榜样，让班级的每个成员都能更好地维护园所的集体荣誉感。

3. 统筹安排班级工作，制订周密的计划。作为一班之长，班长对于班级中的工作要了然于心，认真梳理班级中的实际工作，形成每周班级工作计划表。班长在制订计划表时要将工作内容细化，工作节奏紧凑，明确完成的时间节点和工作要求，减少临时性的加班，如此才能让班级中的每位老师对工作能够心中有数，才能发挥主观能动性，从而高效、高质量地完成工作。

（故事来源：北京市海淀区北部新区实验幼儿园·凯盛园　黄辉）

2. “刺儿头”并不“刺”

新学期排班表公布了，班长赵老师惊讶地发现她要和园里有名儿的“刺儿头”张老师在一个班工作，顿时犯了难。想到之前其他老师评价张老师总是独来独往，对班里其他老师也是漠不关心。她曾经在冬天带着孩子打雪仗，弄得孩子满身都是泥水不说，回班还踩一地脚印，保育员老师好心劝说张老师提醒孩子不要把地面弄得太脏，不然还得抽出其他时间擦地，却换来张老师一句“你要嫌麻烦就别擦，一会儿我可以自己擦”；室内活动的时候，她还把桌子摞起来，让孩子站到桌子顶上往下跳，其他老师看得胆战心惊。慢慢地，园里所有老师只要听到张老师的名字就避而远之。

思前想后，赵老师找到张老师想先了解一下她的想法。沟通之后，赵老师发现张老师有很多创新的带班方法，于是决定随着张老师的意见试一试。新学期开始了，赵老师看到张老师倾听孩子的意见，根据孩子的意愿设计了很多有趣的活动，孩子们在张老师的带领下，越来越善于思考、勤于创新。赵老师看到孩子们的变化，喜不自胜，也常常对张老师赞不绝口。张老师在鼓励与肯定中，也在慢慢地变化，而且越来越会关心别人。一天，赵老师上午带完班就在忙着为中午的家长会做准备，午饭也没顾上吃，给家长做介绍时，喉咙干涩，声音沙哑得快讲不出话来。张老师悄悄地拿着一大杯温水和一盒药，轻轻地放在赵老师的桌子上，用手指着药提示赵老师抽空含一片。望着张老师离开的背影，赵老师的心里满满的感动。原来，这个“刺儿头”并不“刺”，她需要被看见和尊重。

从看见，到读懂

人们在工作与生活中常常会受到先入为主的影响，这一现象被称为首因效应。首因效应具有先入性、不稳定性和误导性，所以要慎重对待初次认识的人与事，避免因此造成不恰当的判断。俗话说得好“路遥知马力，日久见人心”，工作中，我们也需要通过长时间的相处，才能更加全面地了解他人。

赵老师受到了首因效应的影响，在得知与张老师一个班级时，心理产生了抵触情绪。但是赵老师很快调整了心态，积极与张老师沟通，了解张老师的思想动态。在工作中，赵老师用心去了解、尊重并接纳张老师后，发现了张老师身上很多的闪光点，并且正面肯定与鼓励她。这种做法让张老师也越来越信任赵老师，双方形成了和谐的工作关系，班级氛围越来越好，那个在其他人眼里的“刺儿头”再也不“刺”了。

怎样避免受到先入为主的影响而产生对他人的错误判断呢？

1. 用自己的眼睛去发现，不用他人的评价做标准。所谓“耳听为虚，眼见为实”。当我们首次与一个人合作时，无须过多地在意其他人对你要合作的人的评价，抛开“先入为主”的评价标准，用真诚与接纳的态度面对身边人，要学会用自己的眼睛去发现他人的长处，看到他人在工作中的价值和闪光点。

2. 沟通为先，用心体会。在工作中，我们会遇到各种不同性格的同事，在遇到“刺儿头”教师的时候，我们首先要做的是充分的沟通。平心静气的沟通能够更好地了解“刺儿头”教师对待工作的真实想法。如果她的做法会给其他教师的工作带来不必要的压力或负担，我们可以坐在一起协商，共同想出更好的落实方法，最终让幼儿玩得开心，教师也能配合得更加默契。

（故事来源：北京市海淀区北部新区实验幼儿园·凯盛园 赵雅芹）

3. 友谊的小船被“拒绝”打翻了

自从进入新的单位以来，果果老师一直和隔壁班的高老师关系很亲密，没事儿就去找她聊天，高老师遇到烦心事儿也会来找果果老师诉苦。果果老师认为自己和高老师是最要好的同事了。

有一天，果果老师所在班级的绿色卡纸用完了，她哼着歌，蹦蹦跳跳地找到高老师，说：“亲爱的，我从你们班拿几张绿色卡纸啊！”高老师正在收拾桌子上的物品，听见果果老师的话，脸色一沉，说：“你为什么总来我们班借东西，你们班自己不领吗？”果果老师脸上的笑容瞬间消失了，站在原地不知所措，停了半晌才说道：“我不是跟你关系好嘛，而且我们班离你们班也近，不借就算啦！”说完就转身离开了。高老师看着果果老师离开的背影，有点后悔，她觉得自己刚才的态度不好，急忙放下手里的物品追出来，拍拍果果老师的肩膀，笑着说：“亲爱的，我刚才是太着急了，说的话有点儿严重了，一会儿主任要来我们班听课，正好也得用绿色卡纸，怕不够。下次一定借给你，好吗？”果果老师听后，说：“原来是这样啊，你早说呀！没事儿，我不着急，你快好好回去准备吧！”高老师和果果老师相视一笑，分别转向自己的班各自忙碌去了。

平常心对待拒绝

在生活中，拒绝是一种很常见也不可避免的事情。当人们被拒绝后，会产生沮丧、愤怒、悲伤等负面情绪，尤其是被最在意的人拒绝。我们要接纳负面情绪，也要主动了解被拒绝的原因，当正确认识了情绪的因果关系之后，我们就能够更好地接受他人的拒绝了。如果是拒绝他人的一方，也要学会使用良好的态度和语气告知对方原因，这样被拒绝的人才能够更平和地接受拒绝。

关系很好的高老师拒绝了果果老师，这时果果老师非常尴尬，不知道如何面对。高老师意识到自己的语气不好，快速地找到果果老师并主动解释，果果老师听了高老师的解释，第一时间表达了自己的理解，从而化解了两个人之间的矛盾。

发生拒绝与被拒绝时，如何才能平和度过呢？

1. 拒绝他人时，学会硬话软说。人们通常会在压力大的时候更易出现拒绝他人的情况，此时说出的话更易伤人。因此，越是拒绝他人的时候，越要学会语气平和。这样被拒绝的人产生的负面情绪会更小，心理上更容易接受。

2. 被他人拒绝时要主动沟通，化解尴尬。当寻求帮助而被拒绝时，我们不要自己一个人默默地伤心，学会表达自己被拒绝的负面情绪，主动了解被拒绝的原因，可以说一句：“你这样拒绝我让我好难受，你怎么了？发生什么事了吗？”与拒绝自己的人形成开放、积极的沟通，把矛盾解开，让自己的负面情绪值降到最低，也就更容易接受他人的拒绝了。

（故事来源：北京市海淀区美和园幼儿园 杲娜）

4. 升旗仪式引发的风波

开学初，班长小红老师与班员小美老师一起讨论工作，小红老师说：“下周该咱们班负责升旗仪式了，你准备好国旗下讲话的内容了吗？”小美老师先是一愣，皱着眉头回应道：“上次咱们讨论这个事情时，我建议介绍种植活动，你却说介绍绘本更好。我以为你已经去找材料了，就没有准备。”小红老师听后顿时有些不太高兴：“我说了我的想法，你也可以根据这个主题想想具体应该怎么做，你也不能一点儿都不想吧？”听到这样的话，小美老师有点绷不住了：“上次你也没说让我准备呀！再说了，如果班里所有的事情都让我做了，还要班长干什么？”两个人红着脸气呼呼地看向对方，这场争吵也就无疾而终了。

第二天一早，两人同时来到班里，双方互相看了对方一眼，气氛有些尴尬。这时，小红老师走到小美老师身边，拉着她的手说：“对不起，小美老师，我昨天回家好好反思了一下，我是因为一听到国旗下的讲话稿下周一就该用了，现在还没准备，一下子着急了，所以对你说话语气过头了，我跟你道歉，你别放在心上啊！”小美老师听到小红老师这么说，脸一下就红了，说：“你别这么说，我说话的方式也不对，昨天回家也后悔了很久。”小红老师微笑着说：“高质量的班级工作依靠所有人的共同努力，下次咱们意见相悖的时候，都说一下自己的理由，定下来最适合孩子的方案，才能把班里的工作做得更好。”小美老师听了点点头。之后两人各抒己见，心平气和地讨论国旗下讲话的具体内容，任务清晰，分工明确。接下来，她们抓紧时间带着孩子们排练，最终顺利地完成了任务。

有效沟通是理解的桥梁

有效沟通是以相互尊重的态度，通过交换信息的方式，使双方充分理解对方，形成共识的过程。幼儿园的工作是繁琐的，良好的班级工作需要教师之间高效的合作与沟通来达成。

在第一次沟通国旗下讲话方案时，两位教师仅仅表达了各自的想法，没有形成一致意见，都以为对方会有下一步的准备，却没想到事情就被搁置了，导致再次提及该事时产生了误会与冲突。在经过自我反思与调整后，两位教师都开诚布公地向对方承认了错误，并且通过仔细规划与充分讨论，最终实现了工作任务的合理分工，顺利地完成了任务。

讨论班级工作时，教师观点不一致，该怎么办？

1. 理性面对矛盾。在班级工作中，教师之间发生观点不一致是很正常的现象，意见相左的两个人要理性看待矛盾，把它当成一个思想碰撞的好时机，往往更好的解决方案就在理性之下呈现出来了。

2. 讨论方案，多次对话，达成共识。出现观点不一致的情况时，不要轻易搁置，双方应该分别说出方案，解释自己的意图，尝试说服对方。在讨论时，双方要秉持“以幼儿为中心”的原则，进行多次深层次的对话，通过讨论、沟通，努力达成共识，形成更好的解决方案。

（故事来源：北京市海淀区美和园幼儿园分园　梁钰）

5. 换来换去的岗位

王老师是新入职幼儿园的一名助教，在刚上班两个月的时间里，她已经被先后调整去了两个不同的班级工作，这让王老师非常委屈，心想："我哪点做得不好，为什么总是调我的岗位？"一天早晨，王老师正在班里工作，保教主任找到她说："王老师，把手里的活儿结一下，大一班的保育张老师家里有事需要请几天假，你去他们班接一下保育员的工作。"听到这儿，王老师情绪激动，走到园长办公室，说："园长，我到大一班做保育员会是长期安排吗？""正好我也要找你聊聊呢！"园长示意王老师坐下，并向她说明了调整岗位的想法，"一方面，你做事灵活，面对班级个别幼儿的特殊情况有应对方法；另一方面，你能马上独立胜任保育岗位，让班级工作平稳过渡，这是其他助教都很难做到的。所以在综合考虑后，园里才做出这一决定。这段时间你辛苦一下，等张老师回来了，你就回到现在的班，以后就不动了。"听到园长的解释后，王老师的情绪逐渐平复了下来，并对园里的安排表达了理解。园长接着说："这次的调整比较仓促，以后再有类似事情会先和老师们沟通。你以后有事情别憋在心里，要像这样提出来，问题就容易解决了。"

及时沟通，不猜测

在团队中，每个人因角色不同、职责不同，考虑问题的视角也不同。我们在遇到问题时，如果不及时沟通，就容易让问题越来越复杂，不但影响工作，也会让我们的心情越来越糟。

王老师由于工作班级的频繁调整产生了心结，但是她没有自怨自艾，而是主动找到领导沟通，了解了事情的原委，也理解了园里给她调动班级的原因，从而平复了情绪。

当与园里的工作安排产生分歧时，可以尝试如下方法：

1. 稳定情绪不激动。教师遇到自己想不通或不认同的问题时，首先要平复情绪，理智沟通，不将情绪带到工作中或传递给孩子，保证工作质量。

2. 及时沟通不猜想。教师在遇到问题后，及时找领导沟通，说明自己的想法和感受，同时听一听领导的看法。有时问题的发生只是因为大家的站位不同，并不像自己想象得那么复杂，几句话便可以轻松化解。

3. 成长思维解心结。教师可以把每一次园里对自己岗位的调整、工作的调动，当成好的机遇，由此结识更多的教师，能够向更多的教师学习，同时也能够锻炼自己的适应能力，让自己适应性格不同、做事方式不同的教师。教师在形成成长型思维后，对任何事都能够积极对待，心结也就不复存在了。

（故事来源：北京市海淀区美和园幼儿园　齐春婷）

为什么每次都调我的岗位?

6. 咱俩真互补

崔老师和王老师是刚刚组建不久的同班搭档。每当户外活动时，王老师都会带着孩子们做她自编的健身操当热身操。伴随着节奏动感的音乐，王老师富有感染力地带动着每个孩子和她一起跳操，就连四肢不协调、平时最不爱跳操的崔老师也被带动着想要活动活动。

一天午饭时，崔老师边吃边夸王老师："王老师，您编的健身操太有活力了，孩子们喜欢，您跳得也有感染力！您看咱们班孩子一听音乐响起来都不由自主地动起来了！"王老师挠了挠头，不好意思地说："这不算什么，我还羡慕您的文笔好呢，凡是您参加的征文比赛必拿大奖，我才羡慕您呢！"听到这儿，崔老师想到了什么，马上跑回教室，将她的"素材积累本"翻了出来，上面记录着近几年她观察孩子游戏活动和教学组织的心得，崔老师说："您看，这才是我能写出好文章的法宝！给您看看？"王老师接过本子，惊喜洋溢在脸上，抱住崔老师开心地说："一个长于文，一个长于体，咱俩真互补！"

在之后的工作中，崔老师和王老师互相学习，共促进步，相继成为了园级骨干教师。

各有所长，互帮互助

每个人都各有所长，有的教师长于文学，有的教师长于艺术，有的教师长于观察儿童，有的教师长于与幼儿互动。工作环境是一个巨大的宝藏库，如果有一双善于发现他人优点的眼睛，就可以向他人学习、互通有无、互相帮助，实现合作共赢。

王老师和崔老师用一双发现美的眼睛，发现了对方的优点，抱着相互欣赏的态度，彼此给予对方帮助和建议，促进两人在专业水平上的提升。

如何与同事互帮互助、彼此助力，实现合作共赢呢？

1. 彼此了解，相互欣赏。能够成为同班级的同事，是一种缘分，也是一个学习的好机会。在日常工作生活中，教师之间可通过日常交流、细致观察，了解彼此的专长，知晓彼此的优势，以相互欣赏的态度来看待彼此。

2. 团队协作，互相成就。班级教师之间互相学习彼此的优点，以成就他人的方式成就自己。当你用欣赏的眼光去看别人，就像照镜子一样，别人也会用欣赏的眼光看待你。班级成员之间如果形成了互相欣赏的氛围，幼儿也会感受到其中的美好，也会从老师之间的良性人际关系中收获很多。

（故事来源：北京市海淀区民族幼儿园　崔惠冉）

王老师，您编的健身操真有活力！
您文章写得那么好，才让我羡慕呢！

7. 有需要，随时说

公开课在即，小梦老师为了能想明白活动的细节，平时爱说爱笑的她，一反常态，眉头紧锁，经常心不在焉。同班的崔老师发现了她的不对劲，便在午饭时询问："最近有什么事儿吗？看你状态不是很好啊。"她不好意思地挠挠头道："哎，不是要上公开课了吗，我还一直没想好根据音乐的节拍选择什么乐器比较好。"崔老师笑着说："别着急，你放一下音乐，我和你一起想一想。"小梦老师猛然想起崔老师取得了钢琴九级证书，对于音乐活动的设计肯定有独到的见解，于是连忙播放了音乐。音乐结束后，崔老师提出了自己的理解和意见："这几个跳音，要体现轻快的节奏，响板合适；这几个连音，要能体现轻柔与舒缓的感觉，木琴比较合适……"

小梦老师听了崔老师的意见后，如醍醐灌顶，笑着对崔老师说："您太专业了，这么一说，我就明白了。如果不是您，我可能还得头疼好几天呢！"崔老师听后，笑着说："有困难别闷头自己干想，咱们一起想，都能解决！以后还有我能帮上忙的，随时说！"

寻求他人的帮助也是一种好办法

工作中，常常会发现有些问题即使个人用尽办法，也难以得到理想的答案，这时就需要向他人寻求帮助了。所谓“他山之石可以攻玉”，他人提出意见时，我们便能开阔思路，找到解决方法。

小梦老师在设计公开课时遇到了难题，在自己一筹莫展之时，崔老师主动询问，利用自己的音乐特长，帮助小梦老师排忧解难。所以，与其自己闷头苦干找不到思路，还不如寻求他人的帮助。

准备专业性的活动时，应该怎么完成得更好呢？

1. 根据自己的能力和特点，追随幼儿的兴趣，设计出活动的基本框架。在当今信息时代，教师可充分利用多种途径，例如网络、资料室、图书馆等查询专业资料，从而不断丰富自己的活动内容。

2. 充分发挥团体的力量，向园内在专业领域有造诣或功底深厚的老师请教，从而开阔思路。教师只有在求教的过程中不断成长，才能完成更优质且更专业的活动设计方案。

（故事来源：北京市海淀区民族幼儿园　马雨梦）

8. 身边的暖心天使

琪琪老师是园里出了名的“暖心天使”。一天，她上早班，刚到班里便发现正在带班的楠楠老师手捂着肚子，脸色苍白。她走上前，询问楠楠老师的身体情况，楠楠老师眉头紧皱着说：“每次来月经肚子都疼，这会儿越来越厉害了。”琪琪老师马上说：“你赶紧去休息，我来带班。”一边说着，一边倒了杯热水，并让助教芳芳老师搀扶着楠楠老师到休息室去了。

到了中午，楠楠老师精神好了一些，回到班里时，孩子们已经午睡了。她走到书桌前，琪琪老师说：“上午孩子们一切正常，放心吧！你中午想吃点儿什么呢？”“不太想吃东西。”楠楠老师说完，便又趴在桌子上想再休息一下。过了一会儿，楠楠老师抬头发现桌子上有一碗热腾腾的汤和一个包子。芳芳老师说：“这是琪琪老师给你买的，她去开会了。嘱咐我一定让你把饭吃了，不然肚子还是不舒服。”听到芳芳老师的话，楠楠老师的心里充满了感动。

关爱与互助让同事关系更加密切

每个人在工作中都会遇到这样或那样的困难。在需要关怀与帮助的时候，如果有人能够伸出援手，将会给我们带来美好而幸福的体验，帮助我们建立更加亲密的同事关系。

当楠楠老师身体不适时，琪琪老师与芳芳老师无微不至的关心与照顾，让她感受到了同事之间的关爱与温暖。相信三位教师在日后工作中，一定能共同营造出温暖和谐的班级氛围，幼儿在这样的班级环境中接受熏陶，一定也会懂得关爱与感恩。

当同事身体不适时，我们应该怎么办呢？

1. 当发现同班的同事身体不舒服的时候，班级的其他几位老师应该将心比心，给予关怀，并提醒她及时休息。同时，其他几位教师要积极承担起她的工作，大家通力配合，才能使班级工作如常顺利进行。

2. 我们的工作一方面是谋生的手段，另一方面也是积累人情的过程。同班级的教师每天在一起工作十余个小时，最易形成稳固的同事之情，这也会成为每个人很重要的社会支持。在我们之后的生活中，不管人在哪儿，这些互相支持的好伙伴永远都在身边。

（故事来源：北京市海淀区民族幼儿园　松楠）

9. 怎么也摆不好

户外时间到了，班长楠楠老师对新入职的小雨老师说："等一会儿做完操，我组织小朋友们热身，你赶快和值日生一起去拿 12 个体操垫做好集体活动的准备。"小雨老师听后爽快地答应了。

然而，小雨老师和值日生摆垫子时却犯了难，她并不知道该怎样摆放体操垫。她想求助于楠楠老师，却又担心打扰到孩子们的热身。思考再三，小雨老师尝试自己摆垫子。翻过来调过去，不论小雨老师怎么摆，小值日生都说不对。正在她一筹莫展之时，楠楠老师带着已经做完热身活动的小朋友们走过来，问："怎么还没有摆好？"小雨老师尴尬地低语道："我不知道怎样摆……""摆成两组，每组五个，剩下一个放下面给孩子们做缓冲。叫你早点过来摆就是不想浪费时间，结果还是得在这儿等着。"楠楠老师一边告诉小雨老师怎么摆放垫子，一边发着牢骚。小雨老师红着脸，赶紧和值日生把垫子摆好便到孩子当中去配课了。

看到小雨老师失落的表情，楠楠老师意识到自己话说重了。随后，她主动找到了小雨老师，诚恳地说道："不好意思，刚才我有点儿着急了，主任刚开会说户外活动要避免孩子的消极等待时间。我光顾着这个，却忘了你刚来，并不熟悉游戏，是我的疏忽，别生气啊！”小雨老师忙说：“不不，我也有问题，是我没问清楚，延误了游戏时间。”这件事后，两位老师经常会在一起沟通、讨论班级中的事情，两个人的工作默契越来越好了。

站在他人角度才能有效沟通

有效沟通，是指能够促进工作推进与问题解决的沟通方式。一次有效的沟通，需要充分了解沟通对象的现实情况，把握沟通对象的情绪状态，并在此基础上准确、细致地与对方进行信息交互。在工作与生活中，有效沟通不仅可以避免误解，还能使我们的工作变得更高效。

楠楠老师没有考虑到小雨老师是新入职教师，认为大概说一下，对方就应该知道怎样做了。小雨老师面对楠楠老师提出的工作要求时，也没有充分确认完成工作所需要的详细信息，便盲目推进，导致了两个人在工作中的矛盾。楠楠老师在发现问题后，主动对小雨老师道歉，告知自己着急的原因。小雨老师也反思了自己工作中的问题，双方化解了矛盾，增进了对彼此的了解。

怎样做到有效沟通呢？

1. 在工作中，有经验的教师要能够考虑到年轻教师的性格、经验、特长等来安排工作。老教师要换位思考，想想自己在做新教师的时候容易产生疑惑的问题，或者会出错的地方，布置工作时强调关键点，还要做到主动观察、沟通协调、给予帮助，促进年轻教师经验与能力的提升。

2. 年轻教师初入职场，遇到自己不懂的事情很平常。

这时，年轻教师要保持开放的心态，主动与有经验的教师沟通，多问、多学，秉持积极的态度请求他人的帮助，才能高效解决问题。

（故事来源：中国农业科学院幼儿园　戴平）

10．奖励我一张小贴纸吧！

小杰老师是一位新晋宝妈，重返工作后，白天的工作紧张忙碌，下班回家还要照顾孩子，睡眠不足，工作中总出现丢三落四的情况。

一天，武老师带着孩子们从户外走进班里，看到小杰老师在教室里转来转去，一边用手挠着头，一边念叨着："诶？怎么不见了？到底去哪儿了呀！"武老师见到这个场景问小杰老师："发生什么事儿啦？"小杰老师看到武老师像看到救命稻草一般，抓着武老师的手说："武老师，我中午做班级环境创设的时候，你记得我用完剪刀放哪儿了吗？我这会儿怎么也找不到了！这孩子回来万一扎着怎么办呀！"这时，武老师故意笑眯眯地跟她开玩笑："哎呀！你中午用完顺手放在教具柜上了，我早就帮你把剪刀收进柜子里了，我做得这么棒，你是不是得奖励我一张小贴纸呀？"小杰老师听后笑了，一颗悬着的心也终于放了下来。

下班之后，小杰老师开玩笑地说自己"一孕傻三年"，体力、记忆力都不如从前了。从此之后，武老师经常提醒小杰老师近期准备推进的工作，还主动承担了班里更多的任务。小杰老师感受到了武老师的关心，也给武老师提供了很多的帮助，俩人工作上配合得越来越好了。

幽默化解尴尬，关爱促进情感

幽默可以营造轻松的氛围，拉近彼此的关系，化解因失误产生的尴尬，是语言与智慧的结晶。关爱让人们感受到对方的关心与善意，是人们在日常交往中促进情感建立的桥梁。

武老师幽默又贴心的语言，巧妙地化解了尴尬。在善意的提示和真诚的交谈中，小杰老师不仅感受到武老师的关心，也更愿意接受她提出的意见。两人在深入沟通的过程中，相互理解、彼此配合，工作得以顺利开展。

如何在沟通中化解尴尬，促进情感交流呢？

1. 语言是神奇的工具，同样一句话使用不同的方法说出来，对象的接受程度也不同。教师要学会巧用语言的艺术，在面对尴尬的情境时，情绪稳定，使用轻松幽默的语言，要个奖励、求个表扬，都会让对方感受到轻松，从而化解尴尬。

2. 注重方法的多样性。在遇到问题时，我们应当学会运用多种方法进行沟通。面对那些容易引发严肃情绪的话题，教师可以采用两个人谈“悄悄话”的方式，以此来缓和可能产生的矛盾与冲突，让对话变得轻松，让沟通变得顺畅。

（故事来源：中国农业科学院幼儿园　张新杰）

我帮你把剪刀放到柜子里了！你得奖励我一张小贴纸！
咦？我把剪刀放哪儿了？万一出了安全问题怎么办？

11. 凭什么留我收尾

一天晚上，布置环境的工作接近尾声的时候，班长张老师对妍妍说："我出去一下，辛苦你收一下尾。"说着就走到办公桌旁拿着U盘往外走，刚走出班级门口，就听见班里乒乓作响，张老师回班探头一看，妍妍正拿着扫帚甩来甩去地扫地，一边扫一边说："凭什么留我收尾！"张老师着急整理明天要上交的文案，来不及进屋解释，在前往备课室的路上，张老师想：年轻教师有一点情绪化没关系，找个机会和她聊一聊。

很快机会来了。当天晚上，张老师在朋友圈看到了妍妍发的一段配音，立刻写了条评论夸了夸她。第二天的午休时间，张老师找到妍妍，用她喜欢的配音打开了话题，妍妍发现张老师喜欢她的配音，也敞开心扉地与张老师聊了起来。聊到尾声，张老师问妍妍："感觉你今天工作不怎么积极，是有什么困难吗？"妍妍犹豫了一下，说："昨天晚上一起加班做环创，为什么到最后你们都走了就剩我一个人收尾呢？我不太理解，是因为我是新来的老师吗？""昨天让你收尾，是因为我还有文案材料要整理，今天需要上交，昨天晚上我整理完要上交的材料的时候，全园就只剩下我一个人了。"张老师笑着说。妍妍红着脸不好意思地说道："张老师，是我不对，不知道您工作到那么晚，是我误会您了。”

以宽容之心善待他人

宽容让人善解人意，在体谅和尊重别人之时，获得他人的尊重与信任，也能为自己留有空间，实现自身与他人的共赢。宽容的本质是接纳人与人之间的差异，当我们能够容忍他人的差异时，才能做到尊重他人、善待他人。

在妍妍对张老师的工作安排产生误会之时，张老师以宽容的心态来对待，并未计较，随后她能抓住时机，主动沟通、了解情况。妍妍敞开心扉，及时表达了自己的想法，认识到自己误会了张老师。误会因宽容而被接纳，因沟通而得以解决。

我们应该如何妥善处理“误解”呢？

1. 抓住时机，积极消除误解，维护和谐的同事关系。在工作中，只关注自己的工作量，不了解他人的工作情况时就会产生误解。一次两次的误解如果可以及时消除，并且在之后的工作中及时调整，就不会产生过多负面的影响。但是，如果误解次数多了，就会形成不和谐的工作氛围，因此幼儿园教师应该学会用积极的态度去处理误解。

2. 消除误解带来的情绪化，以宽容之心解决矛盾。当误解产生时，误解他人的一方会感到委屈、不满，而被误解的一方则会感到愤怒、不屑，无论是哪一方，都会形成负面情绪。如果我们情绪化地去解决问题，就容易激化矛盾。但如果双方都能够认识到自己的情绪，及时调整，开诚布公地进行沟通，误解就会很容易被消除，也有利于更顺利地开展之后的工作。

（故事来源：北京市农林科学院幼儿园 王月）

12. 值得珍藏一生的礼物

又到毕业季，每位老师都想通过精彩的活动给孩子们留下珍贵的回忆。

这天，年级组长李老师审核苏老师提交的视频后，对她说："有些部分可能需要修改。你看，开篇没有加上园所标志，这两段镜头过渡得有些突兀，独唱部分应该做成特写……"话音未落，苏老师眼含泪水，用颤抖的声音打断道："李老师，这些视频都是我在下班后剪辑的，我从学习剪辑到制作出成品花了整整3个晚上，能做到这样我觉得已经很不错了。您要是不满意，我也没有办法。"李老师愣住了，但她很快调整了一下，耐心地对苏老师说："最近任务比较重，真是辛苦了！这段视频是要送给毕业生的，是值得孩子们珍藏一生的礼物。您也想给孩子留下一段精品视频吧？"

第二天，李老师接到了苏老师发来的一段视频，并留言："李老师，这段视频是我反复调整过的，竟然用3个小时就完成了，相信它一定会成为最棒的礼物。感谢您给我的建议，才没有留下遗憾。"

友善对待建议者，理性接纳建议

"良药苦口利于病，忠言逆耳利于行。"建议是他人给予我们帮助的一种形式。友善对待建议能够有助于我们认识到自己的不足，理性接纳建议能促进我们不断调整自己，让自己更加优秀。当建议来临，请打开一扇门，以接纳的态度迎接它。

苏老师在听了李老师对班级视频的反馈后，认为李老师在批评她，当即表达出了不满的情绪。但通过李老师的解释，明白了她实则是在给予中肯的建议，希望她能够对视频进行改进，为孩子们制作出值得珍藏一生的礼物。当晚，苏老师重新调整视频，最终剪辑出一段精品视频，才没有留下遗憾。

我们怎样才能做到友善对待建议者，理性接纳建议呢？

1. 合理接受业务建议。当我们付出很多时间、很多精力去做一件事，满心欢喜地上交没有得到夸奖，却听到他人很多建议时，一定会产生抗拒的情绪。这时，我们首先要保持开放的心态，明确这个建议并不针对个人，只是就事论事地希望事情做得更好。在此基础上，我们要让自己冷静下来认真思考建议的合理性。当沉溺于自身视角时，我们确实很难发现问题，而他人从旁观者的角度提出的建议，也许就是能让我们的工作迅速提升的关键点。当我们理性地接受建议，就能够让业务进一步提升。

2. 主动沟通，互相尊重，把关注点放在建议内容上。我们要珍视他人给予的宝贵意见，认真倾听，尊重自己认为对的部分。对于存在异议的部分我们要主动沟通，互相摆明自己的立场，尽可能商讨出一个可行的操作方案，修正后再次根据内容进行沟通、商讨，并做好多次调整的准备，最终达成双方都认为完美的方案，从而精进业务能力。

（故事来源：北京市农林科学院幼儿园　赵娜）

13. 开不完的会议，加不完的班

连续加班几天后，晶晶老师感到很疲惫。本想利用中午时间好好调整一下，又接到临时开会的通知，这让晶晶老师更加烦躁。开会时间到了，晶晶老师到会议室时已经有几位老师了，刚坐下，她就开始抱怨，“天天都是开不完的会议，加不完的班……”正当这时，保教主任姜姜老师走了过来，问：“怎么了？”“我这是起得比公鸡早，睡得比猫头鹰晚，前天例会，昨天教研，今天又开会，我快干不动了。”晶晶老师一股脑儿地将自己的不满情绪宣泄了出来。姜姜老师轻轻地拍了拍她的肩膀，说：“我看你脸色也不是很好，你先回班休息一会儿吧！”晶晶老师看了看主任，转身走出了会议室。

整个下午晶晶老师都在为会上说的话感到后悔，于是给姜姜老师发了条信息：“主任，我的态度不好，不该当众发牢骚……”随后姜姜老师回复消息：“我太了解你的脾气了，晚上别着急走，咱俩聊会儿。”

此事过去后，晶晶老师言谈举止越发成熟，姜姜老师看到晶晶老师的转变非常欣慰。

分清场合的倾诉

倾诉是调节情绪、缓解压力的有效方法之一。适宜的倾诉能帮助人们抒发情绪，获得他人的理解与支持，并在倾诉的过程中实现对自身的疗愈。在运用倾诉的方法时，教师要注意倾诉对象、场合与方式的选择。如果方法不当，可能会引发更多的烦恼。

晶晶老师在身心已经透支的情况下，突然接到参加临时会议的通知，情绪才变得非常糟糕。在会议室当众发了牢骚后，她发现自己的做法不合适，于是主动跟保教主任姜姜老师道歉。试想，如果晶晶老师在会后单独找姜姜老师聊一聊自己的状态，反而容易让姜姜老师理解自己的难处，在工作中能够加以关注，也没有必要发生不愉快了。

面对工作中的压力，怎样向他人倾诉呢？

1. 找准适宜的倾诉对象。选择倾诉对象很重要，倾诉对象应该是在态度上与自己的立场相同、能够给予我们工作指导意见的人。倾诉对象可以是值得我们信赖的亲人、朋友、同事、领导等，这样的倾听者不但能够设身处地、耐心地倾听我们的“苦水”，还能够从更加积极的角度给予我们更好的建议，帮助我们缓解压力。

2. 选择合适的场合和方式。能够高效解决问题的场合应该是安静的、不会扰乱思路的，因此我们应该尽量避免当众倾诉。我们可以和值得自己信赖的对象进行单独沟通，在倾诉的过程中，理性地陈述事实与困难，诚恳地表达想法与情绪，认真倾听倾诉对象给出的意见，心平气和地沟通，从而找到合适的解决方法。

（故事来源：北京市海淀区四季阳光幼儿园　樊琳静）

怎么了?
早上那么早上班，中午开会，晚上还加班!

14. 要大胆说“不”

活动区时间，乐贤选了自己最喜欢的走迷宫玩具，正玩得入神时，玩具却被嘉嘉一把抢了过去。正当李老师以为一场“战争”就要爆发的时候，乐贤却悄悄地搬起了椅子一个人坐在旁边。

李老师走到他身边，蹲下来对他说：“你心里难受了吧？”乐贤悄悄地在李老师耳边说：“告诉你吧，我不想把迷宫让给他，可是大人说过小朋友要互相谦让。”听完孩子的话，李老师的整个心就像被冻住了一样，这个“礼让”的孩子真让人心疼。于是，李老师给他讲了敢于说“不”的故事，又趁热打铁鼓励他以后再遇到这样的情况，可以试一试。

自选阅读时，乐贤拿到了自己喜欢的书，嘉嘉又来和他抢。这次乐贤没有松开，而是很坚定地告诉嘉嘉：“不行，我还没有看完，你等等吧！”嘉嘉愣住了，但很自觉地松开了手。看完书后，乐贤高兴地和李老师说：“李老师，我也会说‘不’啦！我觉得心里很舒服。”

该说“不”时，就勇敢说“不”

当幼儿们之间发生冲突时，成人往往为了避免矛盾的发生，会搬出“要谦让”“要分享”的要求，但却忽视了幼儿的真实感受。对于那些“听话”的幼儿来说，他们容易选择委屈自己，按照大人的意愿做事。

当自己喜欢的玩具被“抢”时，故事中的乐贤明明很不愿意，却也“懂事”地搬着凳子坐到一旁独自缓解情绪。李老师通过细致观察与询问，认真倾听孩子的需求，理解了幼儿的想法，并通过引导与鼓励，帮助乐贤学会拒绝。

面对不会拒绝的幼儿，我们该怎么做呢？

1. 引导幼儿正确看待拒绝，让他们认识到学会拒绝和学会分享并不矛盾。通过真实的事件，教师让幼儿深入认识到在同伴交往的过程中，为了赢得更多的朋友可以进行分享。同时，幼儿为了维护自己合理的需求，理解自己的情绪，也要懂得拒绝。

2. 引导幼儿学会拒绝。当孩子们发生冲突时，教师要站在公正的立场，帮助幼儿分辨哪些事情是可以拒绝的，鼓励幼儿表达自己的真实感受，当自己的合理需求被破坏时要勇敢说“不”。同时也要让幼儿明白，在拒绝别人时要用平和的语气，有礼貌地拒绝别人。

（故事来源：中国人民解放军 63919 部队幼儿园　韵嘉瑾）

15. 家人的支持使她变得更强大

产假临近结束，小希老师沉浸在喜提二宝的快乐中，又感受到巨大的压力。上班后，她不能时刻陪在“小家伙”身旁，还需要照顾大宝的情绪和公婆的身体。几个月的产假生活，让她怀疑自己是否能够顺利投入紧张忙碌的工作。

上班前一天的晚上，老大轻声细语地对小希老师说：“妈妈明天就要上班了，可千万别想弟弟啊！我明天一放学，就赶快回家照顾他，让爷爷奶奶多歇会儿。”小希老师感动得流下泪水，抱着老大说：“你又要上学，还要回家帮忙看弟弟，这么懂事的姐姐到哪儿去找啊！”“都是俩孩子的妈妈了，还随时能掉‘金豆子’，这不还有我呢嘛，傻丫头！”爱人摸着小希老师的头说。

就这样，懂事的女儿和扛事的爱人让小希老师减少了后顾之忧。重返工作岗位后，她承担了市级半日公开活动。家人的支持让她变得更加强大，重温工作中的喜悦与成就感，让她重新找回了自己。

与家人一起做好回归工作的准备

女性生完宝宝后，身体与心理都产生了巨大的转变，承担了较重的压力。特别是生完二宝的女性，在产假期间既要照顾二宝，也要关注大宝的情绪。由于即将与孩子分离，担心长辈的身体状况和自身的变化等因素，女性会产生焦虑情绪，这时可通过与家人的深入沟通，得到家人进一步的支持，做好重新投入工作的准备。

在产假即将结束时，小希老师放心不下大宝和二宝，担心公公和婆婆的身体，加之即将面临的工作，这一切让她倍感“压力山大”。在大宝和爱人的安慰下，小希老师得到了精神上的鼓励和支持，让她有力量面对回归工作的挑战。

面对即将结束的产假生活，怎样化解内心的焦虑呢？

1. 提前了解工作内容。在回归工作之前，教师可与领导和同班教师进行沟通，了解本学期工作重点和幼儿的基本情况，做到心中有数。

2. 与家人深入沟通，做好照顾宝宝和家庭生活的安排。教师可召开家庭会议，讨论产假后的生活规划，明确家庭成员分工，共同承担起养育子女的任务。

3. 给自己安排一段适应期。在产假结束前半个月，教师要调整自己的作息时间，看看专业方面的书籍或新闻，帮助自己逐渐适应产假后的工作生活。

（故事来源：国家机关事务管理局花园村幼儿园　陈曦）

16. 还是好朋友

小才和硕硕是一对很要好的朋友，平时总能看到他们一起玩耍。今天，户外活动玩滑梯时，他俩一前一后地跑上跑下，你追我赶。只见他们跑到滑梯上，硕硕准备平躺着往下滑时，小才用脚碰了碰他的头，紧接着把脚抬起来，轻轻踩在硕硕的脸上。王老师立刻走过去拉住小才，说："不能踩硕硕的脸哦！"小才说："没关系，我们是好朋友，我和硕硕闹着玩儿呢！"硕硕听了，激动地说："我不喜欢被别人踩脸，我不跟你玩了！"小才听了着急得说不出话来。王老师为硕硕能勇敢表达自己的想法感到欣慰，看到小才失落委屈的样子又感到着急和难过。

区域活动时，两个小朋友都选择了拼插玩具。户外的小摩擦还没解决，王老师正担心他们会不会再产生矛盾，只见小才拼插机头机尾，硕硕拼插机身，不一会儿俩人有说有笑地把整架飞机拼插好了，还一起把飞机"开"到了太空家园。看到俩人合作得那么愉快，王老师终于松了口气。

学会表达友善

幼儿在与同伴相处的过程中，经常发生一些"打闹"现象。很多时候，他们不知道如何表达自己的友好与善意，难以把握与人友好相处的"度"。本意是想表达"我喜欢你"，行为上却变成了推你、踢你。此时教师要正确引导，帮助孩子们用恰当的语言和方式与他人交往。

故事中，王老师一直在关注硕硕和小才的言行，在出现不当行为时及时制止。硕硕在王老师的提示下，发现小才的做法确实不合适，主动提出了自己的意见，小才也认识到了自己的行为不被接受。经历此事，两个人都进行了调整，在随后的区域游戏中，又有说有笑地玩在了一起。

当幼儿在同伴交往中的表达方式不当时，怎么办呢？

1. 及时制止危险行为，并进行合理引导。当幼儿出现“踢”“推”等可能造成危险的行为时，教师要及时制止，避免造成伤害。事后教师要鼓励幼儿使用语言表达自己的情绪和想法。如果幼儿的行为对他人造成了伤害，教师应引导他们向对方道歉，并学会采取友善的方法表达自己。

2. 引导幼儿掌握与人友好相处的“度”。教师在活动或日常生活中帮助孩子判断怎样的肢体表达是好朋友可以接受的：如抱一抱、拉拉手等行为是可以接受的，而踢、踩等行为则不是。接着教师可设置交往的情景，邀请两名幼儿表演朋友间相处的动作，让其他孩子判断这是不是友好交往的行为，从而使幼儿逐渐掌握友好交往的“度”。

（故事来源：中国人民解放军63919部队幼儿园　魏长杰）

17.“不管”孩子的妈妈

新学期开学一段时间了，小莉的妈妈一直没有来幼儿园接过她，孟老师连她长什么样子都不知道。班级群里的通知她也从来没有回复过，就连家长会都是小莉的小姨参加的。孟老师主动联系过小莉妈妈，给她发微信，但她好长时间都不回复。有时候，小莉妈妈寥寥几句的回复看起来也特别敷衍，孟老师都有点儿生气了，心想：“这妈妈是怎么当的，孩子的事情从来不放在心上。”

孟老师想要更加主动一些，这样才能打动这个“冷冰冰”的家长。一天，她把小莉玩游戏的照片单独发给了她妈妈，还详细介绍了小莉在幼儿园发生的小故事。意料之外的是，孟老师第二天一看手机，发现小莉妈妈夜里回复了消息，“孟老师，深夜打扰了！我真的非常感动，小莉因为有您的悉心呵护，才能这么快适应幼儿园。我工作很特殊，白天不能使用手机，只有下班之后才能回复……”

孟老师意识到之前是自己误会小莉妈妈了，而幸运的是通过主动沟通，避免了一次误会。

避免不客观的判断

人们从父母、学校、朋友、媒体等渠道获得各种类型的信息，会在脑海中形成种种联想和成见，偏见有时候就在这个过程中悄然滋生。偏见会影响人们的思考和行为，人们会莫名其妙地对一些人产生不公平、不合理的消极否定态度，甚至做出一些敌意和不友好的行为。

开学已经一段时间了，小莉的妈妈从来没有出现过，这让孟老师觉得小莉的妈妈一点儿都不关心孩子，一定是那种“不管孩子”的家长。还好，孟老师主动联系了小莉妈妈，给她发了一些孩子的近况，结果发现，其实是自己误会了她。

在和家长相处时，教师该怎样克服偏见呢？

1. 不轻易下结论。家长的个性、职业、生活情况各有不同，不妨多为他们设想几种可能性，比如家长也有难处，所以每天都最后一个才接走孩子等。当教师不小心对家长产生偏见时，要能够提醒自己并及时修正。

2. 主动向家长介绍幼儿在园的情况。我们生活在信息时代，教师通常在微信群中发一些消息，这往往还不够，还需要与家长进行“一对一”沟通，深入了解家长的需求与困惑，拉近和家长之间的距离，增进和家长之间的情感。当教师充满感情地和家长相处时，也会慢慢发现家长特别愿意配合班级工作了。

（故事来源：北京市海淀区京童未来幼儿园　马鸿健）

老师
这下我就放心了。

18. 为什么给我家孩子打针？

一次，张老师跟孩子们一起在角色区医院里玩，张老师扮演医生，多多扮演护士，苗苗扮演小病人。“当当当……”伴着敲门声，苗苗踱步走了进来。张老师连忙问：“小朋友，你怎么了？”“医生，我头晕，还有点儿流鼻涕。”张老师在帮助苗苗做完一系列的检查后，便让护士带着苗苗去打针。大家玩得非常开心。

第二天一早，苗苗妈妈找到张老师，十分生气地说：“老师，你给苗苗打针了吗？”张老师被问得一头雾水。苗苗妈妈一看张老师不承认，一下子嚷嚷起来，“哪有你们这么干的……”张老师突然想起前一天的游戏，“扑哧”一声笑了出来，“昨天我当医生，苗苗当病人，多多当护士，我们3个一起玩看病的游戏。当时确实给苗苗‘打针’了，那也只是游戏。”苗苗妈妈脸涨得通红，连连道歉：“张老师，我多心了，真是对不起！”

及时沟通，消除误会

由于幼儿年龄小，语言表达能力有限，在向家长表达自己经历的事件时难免会有不清晰的情况，以至于家长为此产生误会。特别是幼儿在描述真实发生的事件与角色游戏时，很容易混淆两种情境。

苗苗妈妈误以为张老师真的给孩子打针，而事实上却是她们玩了关于打针的游戏。经过张老师的细心解释，苗苗妈妈认识到是自己误会了张老师。

如何与家长沟通，消除家长的误会呢？

1. 日常多与家长进行“一对一”沟通。教师要经常向家长介绍孩子在园的情况，把孩子发生的小故事讲给家长听，提升家长对教师的信任。“一对一”沟通要能够覆盖到全班所有幼儿。当家长听说孩子受到伤害时，情绪一定会很激动，在这种情况下，教师应理解和接纳家长的情绪，不要急于解释。

2. 向家长介绍学前阶段的幼儿年龄特点。此阶段幼儿在认知、语言、社会交往等方面的发展还处于未成熟阶段，表现为具体形象思维、想象与现实容易混淆等。幼儿有一些特别表现是年龄特点所致，教师可提前让家长了解可能存在的误会之处。

3. 活动安排尽量避免产生误会。在一些角色游戏、对抗性游戏等活动中，教师可让幼儿承担给人打针的医生或者追人的怪兽等角色，避免自己扮演这类敏感型角色。

（故事来源：首都师范大学附属幼儿园　张瑜、柏琦）

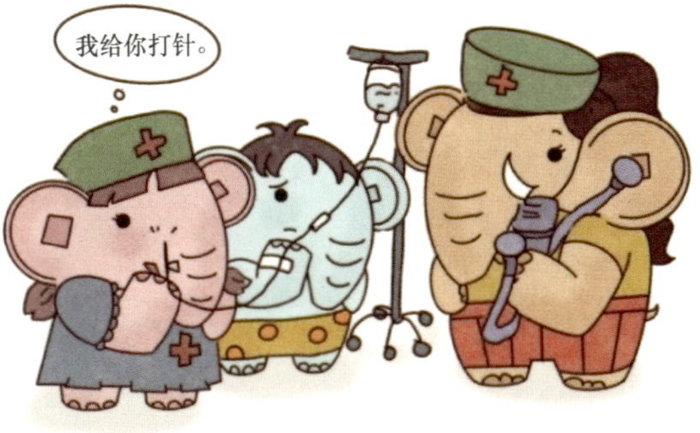

19. 用“小拳头”解决问题

佑佑在游戏时总喜欢在小朋友中间跑来跑去，左冲右撞，即使把小朋友撞倒，也像什么都没发生一样，甚至还会做鬼脸。

一次游戏中，一个小朋友捂着胳膊说：“老师，佑佑捶我。”佑佑小声解释：“我只是想和她玩！”王老师听后，说：“嗯，老师相信你不是故意的，但是用小拳头捶会伤害小朋友的，你想伤害她吗？”佑佑很肯定地摇了摇头：“不想。”于是，王老师提示佑佑去向小朋友道歉，见他有些扭捏地站在原地，问：“佑佑，你是希望老师陪你去吗？”佑佑点了点头。于是，老师轻轻地牵起佑佑的手带他去道歉，一句一句地教他表达自己的歉意。在获得原谅后，佑佑又和小朋友们开心地玩在了一起。

循循善诱，耐心引导

中班是幼儿社会交往能力发展的重要时期，与他们未来的社会适应、人际交往密切相关。然而，并不是所有的幼儿都具备良好的社会交往能力，如果缺乏引导，他们可能会用不恰当的方式和同伴相处，甚至出现“推人”“打人”等用动作解决问题的现象。

王老师发现佑佑和小朋友的冲突并不是故意的，只是缺乏与同伴交往的技能。在耐心倾听了佑佑的想法后，王老师鼓励他大胆地向同伴道歉。起初，佑佑不善表达，不愿意去。于是王老师便逐字逐句地教他，在得到同伴的原谅后，佑佑感受到道歉的力量，从此不再用“拳头”解决问题了。

如何让幼儿用恰当的方式与同伴交往呢？

1. 设置具体的社会交往情景，引导幼儿合理表达。教师可使用绘本、游戏等方式，创设冲突情景，引导幼儿在情景中使用文明的语言进行沟通，如“我可以跟你一起玩吗？”教师可以通过这种方式帮助幼儿领悟交往的方法，包括怎么解决冲突、怎么向同伴道歉等。

2. 行为的改变往往是循序渐进的，教师需要耐心引导，多加提醒。针对幼儿反复出现的“推人”“打人”等问题行为，教师还需要付出更多的耐心，不断重复提醒他们，相信改变会在不经意间发生。

3. 帮助幼儿学会自我调控。组织“红灯、绿灯”游戏，当幼儿举起小拳头想要做出“捶”这一动作时，教师提示“红灯”亮起，提示此刻需要停一停。教师通过这类行为矫正的游戏，让幼儿学会冷静，渐渐能够自己控制行为，提升社会交往能力。

（故事来源：北京市海淀区四季青镇常青幼儿园　王艳）

他不是故意的，他很喜欢你，只是“小拳头”的表达方式有些不友好，你可以原谅他吗？
老师，佑佑捶我的胳膊！